Saggi

ANDREW SPANNAUS

Rivincita

L'enigma americano spiegato agli europei

SOLFERINO

SOLFERINO

www.solferinolibri.it

ISBN 978-88-282-1569-1
Prima edizione: ottobre 2024

Rivincita

Prefazione dell'autore

Nella primavera del 2016, quando Donald Trump sconvolse la scena politica americana provocando confusione e costernazione in Europa, sentii la necessità di spiegare agli italiani i motivi del suo successo, oltre la lettura superficiale che prevaleva sui grandi media. Era essenziale capire i processi fondamentali della politica e della società americana, che avevano permesso a un personaggio così stravagante e scontroso di mettere in scacco l'establishment di tutto il Paese.

Così, cinque mesi prima delle elezioni che marcarono un cambiamento di fase per tutto l'Occidente, uscì il mio primo libro, *Perché vince Trump*. Spiegai il processo lungo quarant'anni in cui la classe media americana aveva perso benessere economico e la propria dignità, e come il tycoon e i suoi alleati avevano sfruttato l'indifferenza delle élite del Paese agli effetti della globalizzazione. E ammonii che Trump poteva vincere davvero, a causa dell'incoscienza delle istituzioni che non prendevano sul serio il disagio della popolazione in merito alla delocalizzazione del lavoro, alla perdita di identità economica, e alla lunga serie di guerre disastrose intraprese nel nome della lotta al terrorismo.

Dopo la vittoria di Trump i politici e i media hanno dovuto interrogarsi sui propri errori. Per molti è stato doloroso e difficile. Dapprima si è parlato dell'intervento dell'intelligence russa e della misoginia nei confronti di Hillary Clinton; mezze verità, nel migliore dei casi. Serviva invece una profonda riflessione sui temi che Donald Trump, tra i repubblicani, e Bernie Sanders, tra i democratici, avevano sfruttato per cambiare la configurazione della politica americana.

Gradualmente è cresciuta una maggiore consapevolezza dei motivi che stanno dietro il populismo, seppure con enormi difficoltà ad accettare la necessità di un cambiamento vero. Nel frattempo, però, quel cambiamento aveva già cominciato a prendere piede in termini sostanziali. Mentre era alla Casa Bianca tra il 2017 e il 2021 Donald Trump ha rotto gli schemi, in economia come in politica estera. Non sempre in modo efficace, e spesso in modo provocatorio. Ma non si può negare che la sua presidenza abbia rappresentato uno spartiacque per gli Stati Uniti e per l'Occidente tutto.

Lo sa Joe Biden, il suo successore, che su alcuni temi importanti ha proseguito sulla strada tracciata da Trump. I due sono infatti i primi presidenti di una nuova epoca, l'epoca post-globale in cui gli Stati Uniti stanno ripensando il modello della globalizzazione economica, contraddicendo gli stessi principi che il Paese ha promosso per decenni. Anche questo va capito e spiegato. Sento in continuazione commenti su come l'America si ritiri in una posizione isolazionista, sento dire che il protezionismo indica l'emergere di un nazionalismo pericoloso. In Europa si tende ad applicare alla politica statunitense i propri ragionamenti. Che spesso non funzionano.

Per raccontare la cultura e la vita quotidiana del mio Paese ho creato un podcast, *That's America*, che conduco insieme ad Alessandro Milan per Radio24. Per spiegare la profonda trasformazione in atto serve un libro, ed è questo. Ha l'ambizione di offrire una nuova chiave di lettura per chi fatica a interpretare i rapidi cambiamenti in atto negli Stati Uniti, e gli effetti profondi che avranno sulla vita in Europa e nel resto del mondo.

Partirò con le domande più comuni, in merito ai temi che vengono citati sui giornali, in radio e in televisione tutti i giorni, ma che spesso lasciano più dubbi di quanti non ne risolvano. Raccontare gli avvenimenti senza capire i processi sottostanti contribuisce alla confusione, dipingendo un quadro poco coerente di un periodo di cambiamenti profondi, ma che non avvengono nel vuoto: ci sono elementi della storia, dell'identità, e del carattere del Paese che plasmano la trasformazione in atto. Aggiungerò anche alcuni temi di cui si discute poco, ma che sono di grande importanza per definire la rotta dei prossimi anni.

Dentro la stessa America non è facile decifrare le notizie. Emerge una sorta di pensiero unico, e viene trasmesso anche all'estero attraverso i canali mediatici più rinomati. Si lasciano fuori elementi fondamentali e così, quando succede qualcosa di nuovo, il mondo non riesce a capire. Ci sono battaglie politiche, sociali e culturali che non rientrano negli schemi facili della comunicazione di massa. Questo libro mira a spiegare le linee di faglia sulle quali si sviluppano la vita e il ruolo degli Stati Uniti, presentando le grandi novità in atto.

La situazione è ancora più interessante, e promettente, di quello che si pensa.

Milano, agosto 2024

Introduzione
L'enigma americano

L'America è in crisi. Quante volte abbiamo sentito questa affermazione negli ultimi anni? È innegabile che si sta vivendo un periodo di grande cambiamento, a livello politico, economico e sociale. Il modello seguito negli ultimi cinquant'anni, e in qualche modo imposto agli altri dalla «democrazia guida dell'Occidente», non regge più. La globalizzazione, cioè le regole del libero mercato promosse attraverso trattati commerciali e organismi internazionali, non è più considerata l'obiettivo da seguire, tanto che Washington pratica apertamente il protezionismo verso l'esterno e la politica industriale per promuovere le attività produttive al proprio interno. Lo fa in risposta all'ascesa del nuovo grande rivale, la Cina, che punta a superare l'influenza degli Stati Uniti sull'economia mondiale.

La solidità politica è stata messa in discussione pesantemente dall'elezione di Donald Trump. Dapprima con le accuse di collaborazione con Mosca e il presunto condizionamento russo delle elezioni del 2016, e successivamente con le azioni dello stesso presidente che si è rifiutato di riconoscere la sconfitta da parte di Joe Biden nel 2020, portando alla scena raccapricciante dell'assalto del 6 gennaio a Capitol Hill. I politici di Washington hanno salvato Trump dal processo dell'impeachment, mentre le procure si sono mosse in modo lento e sparso. In questo modo, con un bell'aiuto anche dalla Corte Suprema, l'ex presidente è riuscito a evitare – in gran parte – le conseguenze delle sue azioni prima delle elezioni del novembre 2024. Trump e i suoi sostenitori hanno gridato alla persecuzione, evocando scenari da repubblica delle banane, mentre l'establishment centrista e democratico si è interrogato sui limiti legali e pratici degli sforzi per difendere le istituzioni dalla presunta minaccia populista.

Tutto questo provoca crescenti divisioni sociali e culturali. Le visioni contrastanti tra il mondo cosmopolita e progressista delle grandi città e il conservatorismo sospettoso delle vaste aree rurali del Paese vengono esacerbate da forze politiche che sfruttano al massimo i temi più controversi per demonizzare l'avversario, dall'aborto ai diritti LGBTQ, dall'immigrazione alle misure per contrastare la pandemia da Covid-19.

In questo contesto sorgono domande importanti sulla tenuta del Paese, sulla possibilità di ritrovare del terreno comune tra le diverse anime della società. Non sembra impossibile parlare di una nuova guerra civile – come si è visto pure al cinema nel 2024 –, potenziale conseguenza di una spaccatura profonda tra diverse componenti dell'America, un gap incolmabile che mette in discussione l'identità comune di una nazione fondata su idee politiche, piuttosto che su tratti etnici. Ormai il livello di vetriolo su temi come il razzismo, e all'estremo opposto il «wokismo», come anche sulla religione e le questioni «morali», è altissimo; fa pensare che sarà difficile ritrovare una visione nazionale condivisa.

Tuttavia, le divisioni non sono così semplici come appaiono. Dall'Europa può sembrare lineare: ci sono dei buzzurri che sposano un populismo becero, respingono il progresso sociale e quindi la diversità rappresentata dall'immigrazione, dalle conquiste in tema di diritti civili, e abbracciano l'identità reazionaria del nazionalismo bianco, con l'amore per le armi e l'odio per chi inquina la purezza dell'America. Una narrazione tanto chiara quanto semplicistica. La realtà è che queste divergenze poggiano su tendenze di lungo periodo, che non si basano solo su pregiudizi e preconcetti di una parte. Sono influenzate da scelte politiche che hanno aggravato le differenze esistenti tra varie fasce della società. Sono prodotte da azioni e reazioni che si innestano sul peggioramento delle condizioni di vita e delle percezioni di alcuni, nei confronti di un'élite che ha ignorato per troppo tempo le conseguenze dei propri comportamenti.

Molte persone, anche negli Stati Uniti, faticano a capire questo processo. Forse io ho qualche vantaggio: sono nato a New York City, passando i miei primi tredici anni a Manhattan e nel Bronx. La mia famiglia si è poi trasferita in una zona rurale della Virginia, dove ho potuto lavorare in una fattoria e poi insieme ai muratori della West Virginia. Un mondo lontanissimo da quello da dove ero partito, e anche da quello in cui avrei vissuto dopo.

Successivamente mi sono trasferito all'estero, girando l'Europa per qualche anno dopo aver finito l'università, per poi stabilirmi in Italia. Torno regolarmente negli Stati Uniti, e ho la possibilità di guardare il Paese da fuori, con occhi diversi che mi permettono di fare un confronto con un'altra cultura. Tutto questo aiuta a evitare le letture superficiali, andando a cercare le ragioni di entrambe le parti: la dignità anche di quelle persone legate a tradizioni e valori considerati anacronistici dai liberali illuminati di oggi, e gli obiettivi onesti di chi punta a un cambiamento radicale, seppur esagerando.

Serve anche uno sforzo per non cadere nel tifo politico. I repubblicani possono aver torto su un tema come la spesa pubblica – a mio avviso – ma non significa che sbaglino su tutto. Va capita la visione della società che ogni partito politico cerca di applicare, come anche le incoerenze che spesso emergono all'interno di ogni schieramento ideologico.

L'obiettivo finale è comprendere i problemi fondamentali che affliggono la società, e trovare punti in comune per poter garantire un dialogo fruttuoso tra le parti. Ci saranno risposte differenti, ma partire con il riconoscimento dei problemi è un primo passo importante. Rimane poi il lavoro di identificare le soluzioni che possono generare un senso di interesse comune, azioni pratiche per risolvere i problemi.

Il primo esempio di questo sforzo mentale lo possiamo applicare proprio alle elezioni presidenziali del 2024. La domanda più frequente che ho ricevuto nella prima parte dell'anno è stata: «Perché l'America non è riuscita a trovare di meglio di Donald Trump e Joe Biden?». Uno condannato per frode e accusato di attentato alla Costituzione, l'altro ultraottantenne che a volte non era in grado nemmeno di parlare in modo coerente.

Dopo il disastro del dibattito del 27 giugno Biden ha dovuto ritirarsi, cedendo il posto alla sua vice Kamala Harris per mantenere una speranza di vittoria nel voto di novembre. Ma la domanda in merito al ruolo centrale degli ultimi due presidenti rimane valida, e la mia risposta spesso sorprende gli interlocutori: Trump e Biden, per tutti i loro difetti, sono quelli che hanno portato più novità nella politica USA negli ultimi decenni. Sono due presidenti che hanno impresso una svolta importante al Paese in termini di politica economica e strategica, iniziando una fase di correzione rispetto a circa quarant'anni di finanziarizzazione e interventismo militare. In questo processo ci sono parolacce come «protezionismo» e «ritiro», che fanno pensare a una chiusura del Paese verso il resto del mondo, uno stretto interesse nazionale che porta all'isolazionismo e all'unilateralismo egoista.

Non è così. La realtà è che si sta vivendo un processo di trasformazione in cui gli Stati Uniti si dimostrano in grado di rivedere i propri assunti, di riconoscere alcuni errori e porvi rimedio per rafforzare la propria posizione sia all'interno sia all'esterno. È un processo ingarbugliato, non sempre lineare, ma ormai evidente, e legato alla nuova politica industriale che è emersa tra le due presidenze, che riporta l'economia su una base più solida, con lo scopo di affrontare le chiare debolezze generate nell'epoca della globalizzazione.

C'è un imperativo strategico: non rimanere indietro nella competizione geopolitica con la Cina. Per fortuna, ci si rende conto ora che il successo non dipende in primo luogo da un'accelerazione sul piano militare, ma da uno sforzo per rinsaldare le strutture produttive e sociali del Paese, assicurando una base più solida su cui poter poggiare l'azione fuori dai confini. Emerge una sorta di fil rouge tra il «Make America Great Again» di Trump e il (meno orecchiabile) «Foreign Policy for the Middle Class» di Biden.

Si potrebbe obiettare che in realtà la politica estera è cambiata poco in questi anni, considerando il rinnovato scontro con il grande rivale dai tempi della Guerra fredda, e il sostegno per Israele nel Medio Oriente. Si tratta invece di strascichi del mondo vecchio, di (pesanti) incidenti di percorso che interrompono un tentativo di riorientamento generale. Vedremo come Trump e Biden – in modi diversi – hanno cercato di sfuggire a questi conflitti, e come il successo o il fallimento delle loro iniziative influirà sul nuovo corso degli Stati Uniti negli anni a venire.

Strettamente legata ai cambiamenti politici è la nuova conflittualità culturale. È proprio il successo nel definire una nuova direzione condivisa da buona parte delle istituzioni che ha riportato al centro le «culture wars», lo scontro acceso su temi come il razzismo, l'aborto e i diritti LGBTQ. La sostanziale vittoria di un nuovo paradigma economico ha costretto i partiti a darsi battaglia su altri fronti, su cui è facile creare divisioni ma molto difficile trovare soluzioni.

La speranza è che alla fine di un processo a zigzag il Paese possa comunque vantare dei progressi sostanziali. Tuttavia, il divario tra le diverse aree geografiche e i diversi gruppi ideologici sta generando una spaccatura profonda; e la risposta della classe politica è preoccupante, facendo intravedere pericoli per la tenuta sociale.

Anche qui serve uno sforzo, per capire le contraddizioni e identificare gli interessi superiori che ci permetteranno di superare la crisi. Un tema come il razzismo contro gli afroamericani va considerato guardando alla storia in modo onesto, senza le storture ideologiche che prevalgono oggi. Come il tema delle armi va oltre la versione semplice del diritto sancito dal secondo emendamento che viene così spesso citato. Ci sono tanti aspetti incompresi dell'America per cui basta guardare un po' sotto la superficie, conoscere meglio la società, per affrontare domande che sembrano senza risposta.

Nei capitoli che seguono tratterò temi scottanti come la favola del debito pubblico, la verità sulla schiavitù e il «wokismo», il ruolo degli evangelici e della Corte Suprema. E anche l'accusa che l'America non rispetti i suoi ideali, ma sia una potenza imperiale come altre del passato. Avremo modo di discutere l'identità del Paese stesso, e quanto la spaccatura sociale potrà influire sulla stabilità e sulle scelte politiche future. Sono temi tutt'altro che lontani per chi vive in Europa, dove la classe dirigente fatica ugualmente a rispondere alle esigenze dei ceti medi e popolari.

In un contesto di conflitti e crisi, queste difficoltà fanno venire meno le certezze e costringono tutti a riflettere sulle prospettive del mondo occidentale. Per l'Europa alle prese con i suoi problemi economici e sociali, è importante interrogarsi non solo sui rapporti tra le due sponde dell'Atlantico, ma anche sul ruolo dell'America come Paese guida, faro della libertà. Sarà possibile superare le divisioni interne agli USA e all'Occidente in generale, per far proseguire il processo di cambiamento iniziato negli ultimi anni? Per saperlo, occorre capire il significato delle battaglie che avvengono oltreoceano, trovare la chiave di lettura per interpretare le numerose questioni apparentemente inspiegabili di un Paese che, nel bene e nel male, avrà un ruolo centrale nella capacità del mondo occidentale di affrontare un pianeta in rapida evoluzione, con nuovi giganti che emergono e vecchie potenze che cercano di prevalere nella nuova fase di competizione globale.

Parte I

La crisi politica ed economica

1.
Le radici della rivolta populista

L'America è polarizzata. Divisa tra democratici e repubblicani, progressisti e conservatori, abitanti delle città e delle campagne. Una vecchia massima dice di «non parlare mai di religione o politica» quando si è in compagnia. Il concetto fu spiegato un secolo fa dallo scrittore americano Mark Twain nella sua autobiografia, con la sua consueta ironia caustica: «In religione e in politica, le convinzioni e le credenze delle persone sono quasi sempre acquisite di seconda mano, e senza esame critico, da autorità che non hanno a loro volta esaminato le questioni in gioco ma le hanno accettate di seconda mano da altri che non le hanno esaminate, le cui opinioni al riguardo non valevano un soldo bucato».

Oggi, la situazione è perfino peggiorata: si evita di parlare di questi temi non solo quando si incontrano amici e conoscenti, ma anche con i propri familiari e parenti. Anche con persone così vicine, è diventata comune la percezione di una difficoltà estrema a discutere questioni che toccano la vita politica. La vedo nella mia famiglia estesa: tra la zia del Maine e lo zio della Louisiana, tra i cugini progressisti di Chicago e quelli cristiani evangelici dell'Indiana poco più a sud.

Personalmente faccio il possibile per non soccombere alla perdita del dialogo sociale. Non riesco a concepire una vita senza parlare di politica, di cui mi occupo tutti i giorni, e nemmeno di temi forti come la religione, avendo studiato filosofia all'università. La sfida è grande, ma nella mia mente la strada per affrontarla è chiara. I temi divisivi lo sono perché provocano reazioni molto diverse alla stessa situazione. Diventa necessario lavorare per analizzare la radice dei problemi comuni, piuttosto che sfruttarli per il proprio tornaconto. Ma per farlo bisogna prima identificare gli elementi di fondo, quelli che hanno provocato il senso di crisi e di inquietudine tra la popolazione, innescando l'attuale periodo di incertezza.

In un certo senso, possiamo dire che la crisi politica esplosa con la crescita del cosiddetto populismo è stata sia inevitabile, sia salutare. Inevitabile, perché si trattava della logica conseguenza di una serie di decisioni che avevano indebolito l'economia americana, con effetti deleteri e molto tangibili per buona parte della popolazione. Salutare, perché questo processo ha offerto la possibilità di rompere con un modello che stava provocando danni profondi.

Possiamo definirlo il modello post-industriale e neoliberale del paradigma post-Bretton Woods. Per spiegare meglio, si tratta della trasformazione vissuta nei Paesi industriali dagli anni Settanta in poi, un periodo in cui la finanza ha preso il predominio rispetto alle attività produttive, e la teoria del libero mercato è stata utilizzata per ridurre l'intervento pubblico e permettere agli interessi speculativi, di pochi, di prevalere rispetto al bene comune.

Le tappe di questo processo sono facili da identificare. Si inizia con l'abbandono del sistema di cambi stabili tra le monete internazionali, nel 1971: la rottura degli accordi raggiunti all'hotel di Bretton Woods, New Hampshire, nel 1944. Fu un cambiamento importante perché, al di là delle motivazioni tecniche del momento, il risultato fu di rendere molto più difficile la pianificazione degli investimenti e del commercio internazionali. Se il rapporto valutario tra due Paesi può cambiare del 5% o anche del 50% nello spazio di alcuni mesi o pochi anni, è evidente il rischio che si corre nell'impegnare soldi per progetti economici di vario tipo, anche solo per l'acquisto di materiali e prodotti dall'estero.

Questo portò alla graduale finanziarizzazione dell'economia, cioè la crescita delle operazioni finanziarie che dovevano compensare l'instabilità creata da un mondo senza più regole fisse, per quanto imperfette. Oggi, per poter fare qualsiasi investimento internazionale, è diventato obbligatorio acquistare una sorta di assicurazione dal mercato, sotto forma di strumenti finanziari derivati. I derivati hanno l'utilità di proteggere un'impresa contro certi rischi, ma dagli anni Novanta in poi si è creata una situazione in cui la componente speculativa ha cominciato a prendere il sopravvento rispetto al resto. La finanza è diventata il campo delle operazioni creative ma vuote, soldi che generano soldi, fino a movimentare cifre molte volte più grandi dell'intero PIL mondiale. Così ha preso forma un rischio micidiale che non ha tardato a gettare nello scompiglio buona parte del mondo, con numerose crisi sui mercati finanziari.

Negli anni successivi, sono seguite altre decisioni

che hanno modificato la natura delle economie del dopoguerra nel mondo transatlantico. La «deregulation» ha ridotto le protezioni per numerosi settori industriali e infrastrutturali, introducendo una maggiore competizione sui costi grazie all'entrata dei grandi capitali in nuove aree dell'economia. L'obiettivo dichiarato era l'efficienza, ma troppo spesso l'effetto ultimo era di trovare capitali utili per continuare ad alimentare i giochi finanziari. Bene per chi aveva investimenti in borsa, e nei fondi che si impegnano a estrarre valore dalle attività produttive; male per chi ci lavorava e anche per il servizio offerto ai cittadini. Lo vediamo di nuovo oggi con il mondo del «private equity», in cui i grandi fondi entrano in settori come la vendita al dettaglio, gli affitti, e perfino la sanità. I risultati sono spesso disastrosi, in quanto si punta a ripagare presto i debiti contratti per le operazioni straordinarie e portare a casa un bel profitto per gli investitori: nel settore sanitario, tanto per fare un esempio, queste pratiche portano a cure peggiori e più alti tassi di mortalità nelle residenze sanitarie assistenziali.[1]

Lo svuotamento dell'economia reale a favore

[1] *Private Equity Is Gutting America – and Getting Away With It*, in «The New York Times», 28 aprile 2023.

della nuova economia finanziaria ha alimentato una serie di bolle speculative, con le rispettive crisi. Ricordiamo il crollo di Wall Street nel 1987, la prima crisi dovuta alla crescita dei nuovi strumenti focalizzati sui guadagni a breve termine, che hanno portato a una rapida, ma non sostenibile, crescita dei valori di borsa. Successivamente è iniziato il periodo di grande espansione monetaria facilitata dalla banca centrale, la Federal Reserve, insieme all'esplosione della finanza derivata. Ormai cresceva un castello di carte slegato dal lavoro ordinario, e questo produceva un effetto ricchezza per la classe degli investitori, ma un graduale indebolimento della classe lavoratrice che dipendeva dal «vecchio» paradigma produttivo.

Continuavano l'innovazione e la modernizzazione della società, ma i frutti non venivano distribuiti in modo equo; aumentavano le disuguaglianze, con la stratificazione dei guadagni. Negli anni si è visto il consolidamento di una classe benestante di circa un terzo degli americani che continuava a migliorare la propria posizione, mentre gli altri gruppi hanno vissuto una stagnazione o anche un arretramento. Si potrebbe obiettare che oggi perfino i poveri hanno il cellulare e un grande televisore. Il consumismo è dominante anche nelle fasce più basse della popolazione. Se andiamo a misurare il potere d'acquisto, invece, cioè quanto occorre lavorare per ottenere ciò che serve per vivere, le statistiche non sono confortanti. Tra il 1978 e il 2018, il potere d'acquisto reale della popolazione (corretto per l'inflazione) non è cambiato.[2] Quello che si riesce a comprare con lo stipendio – elementi essenziali come la casa, l'automobile, il cibo – è rimasto uguale per quarant'anni, tra l'altro con un potere d'acquisto già più basso di quello raggiunto all'inizio degli anni Settanta. Si tratta di un dato aggregato, però, soggetto in alcuni campi alla media del pollo, come si direbbe in Italia. Come ampiamente dimostrato negli ultimi anni, la società di oggi ha maggiori disuguaglianze, alimentando un senso di sfiducia e risentimento verso le élite.

Uno dei fattori principali dietro a questa difficoltà della classe media è proprio la perdita dei posti di lavoro ben pagati nell'industria. Per molti anni l'occupazione si è spostata verso i servizi poco pagati, come i negozi e il fast food. Se negli anni Sessanta il 24% dei lavoratori era impiegato nelle manifatture, nel 2024 quella cifra è sotto il 10%. Il settore contribuisce solo per il 12% del PIL ameri-

[2] *For most U.S. workers, real wages have barely budged in decades*, Pew Research Center, 7 agosto 2018.

cano[3] – percentuale decisamente più bassa di Paesi come l'Italia, la Germania e il Giappone, dove pure si è andati in una direzione simile. Ci sono anche i servizi professionali ben pagati, importanti fonti di nuovo valore, ma a livello complessivo la perdita della produzione è stata accompagnata da un peggioramento del reddito per i lavoratori della classe media.

Per anni gli effetti di questo processo di deindustrializzazione sono stati camuffati dalla grande crescita della finanza. Wall Street volava, giravano tanti soldi, e questi stimolavano l'economia per tutti. Il problema è che si stava creando un castello di carte: serviva sempre qualcosa di nuovo per alimentare le bolle. In parte ci pensava la Federal Reserve con nuove immissioni di liquidità, e in parte si spostavano flussi di reddito da qualsiasi settore appetibile. Il problema è che la crescita mancava di una base solida, e ben presto il castello sarebbe crollato.

Con il crac del 2008 il Paese iniziò una nuova fase. I nodi erano venuti al pettine, e ora spettava al sistema politico riconoscere gli errori che avevano portato alla crisi. L'élite, però, non era all'altez-

[3] *United States Manufacturing Facts*, National Association of Manufactures. www.nam.org

za della situazione. Barack Obama riconosceva il problema strutturale, citando più volte la necessità di riforme come quelle che aveva attuato Franklin Delano Roosevelt per risollevare il Paese durante gli anni Trenta, eppure non le perseguì davvero. Ogni leader politico ha le sue responsabilità personali, e Obama non è un'eccezione.

C'erano voci che chiedevano un cambiamento di fase, un ritorno alle regole che avrebbero disincentivato le attività speculative, e una nuova stagione di intervento pubblico. L'establishment non era pronto per una svolta di questa portata. Si ragionava ancora con il vecchio paradigma, pensando al massimo di aggiustare le regole del libero mercato per aggiungere qualche freno al sistema, ma salvando la finanza senza ripensare il suo ruolo nell'economia. Così alla popolazione furono chiesti sacrifici, mentre le grandi banche e i fondi ricevevano salvataggi praticamente illimitati. Crebbero la frustrazione e la rabbia tra i cittadini, rafforzando quell'idea che i politici sono tutti uguali; che nemmeno di fronte alla grande crisi sarebbero usciti dalla modalità autoreferenziale, con uno Stato incapace di fare il suo dovere nei confronti della gente normale.

La conseguenza di tutto questo è stata Donald Trump. Un personaggio così lontano dalla politica ordinaria che è apparso a molti elettori come la risposta giusta a un establishment avvitato su sé stesso. Trump era irruente, offensivo e a volte anche incoerente. Ma aveva individuato uno slogan che trasmetteva un messaggio chiaro: il Paese non è più quello di un tempo, è ora di «Make America Great Again». Significava ricostruire la base industriale, riprendere quell'identità produttiva che era venuta a mancare, soprattutto negli Stati del Midwest, ormai decaduti al punto di essere definiti «Rust Belt», la cintura della ruggine.

A questa promessa di reindustrializzazione Trump aggiungeva le invettive contro le guerre all'estero, mettendo in scacco i dirigenti del Partito repubblicano. Infatti se a sinistra la critica alla guerra in Iraq era stata fondamentale per il successo politico di Barack Obama, a destra il Partito repubblicano non era ancora riuscito a voltare pagina. Trump sconvolse tutti gli schemi, con un programma che invocava più manifatture, la fine dei conflitti all'estero e respingeva la fissa repubblicana dei tagli allo stato sociale.

Il messaggio trumpiano era condito con insulti per tutti, come anche con parole crude e proposte provocatorie per contrastare l'immigrazione, rea di togliere opportunità economiche ai cittadini americani. Con questi aspetti Trump sembrava fuori da ogni canone di accettabilità, ma è stato proprio questo approccio a farlo apparire capace di sfondare la resistenza di quello che lui aveva battezzato il «Deep State», gli apparati di governo che continuavano a impostare politiche dello stesso tipo nonostante la crescente frustrazione tra gli elettori.

Questa è la prospettiva in cui Trump va capito, non per ignorare i suoi evidentissimi difetti, e nemmeno per giustificare quella parte della popolazione che ha abbracciato gli elementi peggiori del suo messaggio. Ci sono americani che seguono la sirena del populismo becero, cercando capri espiatori per i loro problemi, che colgono al volo l'occasione di esprimere posizioni razziste, sessiste e offensive. Come ci sono in altri Paesi. Eppure questa fetta della popolazione non basta per fare eleggere un presidente. Sul tema dell'immigrazione, per esempio, quello dove Trump utilizzava una retorica preoccupante, nel 2016 solo il 38% degli americani diceva che il numero di immigrati doveva essere diminuito, contro la maggioranza che suggeriva di rimanere allo stesso livello o addirittura di aumentare.[4] In merito al razzismo,

[4] Immigration, Gallup, giugno 2023.

quando scoppiarono le proteste «Black Lives Matter» dopo l'uccisione di George Floyd nel 2020, il 67% degli americani affermava il proprio appoggio per tale movimento. La percentuale è diminuita successivamente dopo la polarizzazione politica intorno alle questioni di ordine pubblico, ma basta ricordare che il presidente prima di Trump era proprio un afroamericano, che aveva vinto con margini comodi sia nel 2008 sia nel 2012.

Questi elementi sono utili per ricordarci che non bisogna cadere nella trappola di giudicare la politica in termini identitari – «identity politics» – pensando di poter determinare come voteranno i cittadini in base al colore della pelle, al gruppo etnico e ad altre caratteristiche di appartenenza sociale. Sono tutti aspetti importanti, che i professionisti dei sondaggi e delle strategie elettorali studiano attentamente per capire come comunicare con diversi segmenti della popolazione. Ma ci sono momenti in cui i temi di sostanza prevalgono sull'identità sociale e ideologica, e ci sono personaggi che riescono ad andare oltre queste categorie per rompere gli schemi consueti della politica.

Lo aveva fatto Barack Obama a modo suo, portando a una maggiore unità nazionale per un breve periodo, con un tasso di approvazione del 69%

nei mesi dopo l'arrivo alla Casa Bianca. Lo ha fatto in modo diverso Donald Trump, ma attingendo sempre ai voti di cittadini che cercavano un'alternativa all'establishment del Paese. Infatti circa 8 milioni di persone che avevano votato per Obama nel 2012 votarono per Trump nel 2016, per non parlare dei milioni di voti per Bernie Sanders nelle primarie democratiche. Ridurre la vittoria di Trump a una reazione di basso livello contro Obama e Hillary Clinton significa non capire il salto di partecipazione e di importanza che il tycoon ha fatto percepire a quella parte del Paese che si sentiva lasciata indietro nell'epoca della globalizzazione. Trump si presentava cattivo e arrabbiato, e ne aveva per tutti; è una suprema ironia della storia che una persona di questo genere abbia portato a un momento di maggiore democrazia, dando voce a istanze che le istituzioni di Washington avevano pensato di poter ignorare.

2.
La scossa di Trump

L'elezione di Donald Trump rappresentò un momento importante anche per me personalmente. Avevo scritto e parlato tanto di lui nei mesi precedenti, quindi la sua vittoria dimostrò il valore delle mie tesi, in particolare riguardo ai temi economici. Trump aveva guadagnato voti decisivi tra i lavoratori sindacalizzati degli Stati post-industriali e «arrugginiti» – Michigan, Wisconsin e Pennsylvania– proprio con il suo messaggio a favore della reindustrializzazione del Paese. Questo sostegno era certamente legato anche a fattori culturali, come vedremo nella seconda parte di questo libro, ma il successo di un messaggio anti-globalizzazione e anti-Wall Street – comune a Trump e a Bernie Sanders nel Partito democratico – costrinse la politica e i media a ritornare con i piedi per terra. Non si poteva più ignorare il lungo processo di svuotamento della classe media e anche del potere reale degli Stati Uniti verso il resto del mondo. Era arrivato il momento di affrontare i problemi su cui mi ero concentrato per molti anni: la finanziarizzazione dell'economia, i tagli allo stato sociale, e la politica estera che assomigliava fin troppo a quella imperiale e coloniale di cui ci eravamo liberati formalmente oltre duecento anni fa. Il problema era che la persona chiamata a condurre questa battaglia non poteva essere più imperfetta. Ma ormai era fatta: alla Casa Bianca c'era Donald Trump, uno choc enorme, ma che almeno prometteva di far emergere dalle ombre alcuni problemi che per decenni erano rimasti nascosti, a detrimento di tutti noi. Ora si trattava di vedere se Trump avrebbe dato seguito a quanto promesso.

I primi mesi dopo le elezioni furono tempestosi. L'establishment di Washington si mosse subito per contrastare Trump, con qualcuno addirittura che sperava di evitare il suo insediamento. Lo strumento principale era lo scandalo del «Russiagate», con il teorema che i russi fossero intervenuti nel voto in due modi: attraverso contatti con personaggi vicini a Trump, e aiutando WikiLeaks a pubblicare le e-mail dell'organo direttivo del Partito democratico, il Democratic National Committee, il che aveva creato un danno di immagine per Hillary Clinton rea di tramare dietro le quinte per vincere la sfida delle primarie contro Bernie Sanders.

Partì dopo pochi mesi l'inchiesta del procuratore speciale Robert Mueller, la cui squadra lavorò per quasi due anni per dimostrare l'esistenza della collusione criminale con la Russia, senza successo. Alla fine Mueller riuscì a incriminare alcuni consiglieri del presidente, come Michael Flynn e Paul Manafort, ma per reati non legati alla tesi prosecutoria di collusione con la Russia: aver mentito agli inquirenti, oppure per frode ed evasione fiscale. Sul merito delle presunte interferenze elettorali, il procuratore finì per subire una bella batosta, quando un giudice federale affermò che non era possibile accusare il governo russo di interferenze nella campagna elettorale, visto che Mueller non lo aveva dimostrato in alcun modo in tribunale. Addirittura decise di ritirare le accuse contro una società legata alla famigerata Internet Research Agency (IRA) di San Pietroburgo, che secondo i resoconti di stampa avrebbe speso milioni di dollari per diffondere notizie false e appoggiare la candidatura di Trump. Si tratta del gruppo fondato da

Evgenij Prigožin, capo del gruppo militare Wagner, che ha sfidato il potere di Vladimir Putin nel 2023 e poco dopo è morto in un incidente aereo.

Il punto non è di smentire l'idea che i russi volessero influenzare la politica americana attraverso i social network e anche le pubblicazioni giornalistiche. Ma di capire come le istituzioni USA misero in piedi una narrazione su Donald Trump che era basata poco sulle prove fattuali, e molto su una tesi politica: che il nuovo presidente fosse un traditore, un agente di Putin che lavorava contro gli interessi nazionali. La speranza era di arrivare a rimuoverlo dalla Casa Bianca, come si tentò di fare con il primo impeachment del presidente nel gennaio 2020, accusandolo essenzialmente di essersi rifiutato di aiutare l'Ucraina di fronte alla minaccia russa.

Nei miei interventi mediatici e nelle numerose conferenze a cui ho partecipato dal 2017 in poi, ho spesso sottolineato la debolezza delle prove a sostegno degli scandali del Russiagate. Non per simpatia per Vladimir Putin, o per la volontà di ignorare le operazioni di guerra informatica da parte delle agenzie d'intelligence dei grandi player mondiali. Piuttosto, mi preoccupava la determinazione da parte delle istituzioni della sicurezza nazionale USA a commissariare Trump, di fatto, per quanto riguardava la sua politica con la Russia. Le aperture del tycoon a Putin avevano preoccupato non poco l'establishment, e la decisione fu di fare di tutto per non permettergli di cambiare la linea fino ad allora tenuta. Un atteggiamento non solo preoccupante in un sistema democratico, dove il presidente deve avere il diritto di decidere la propria politica estera, ma anche particolarmente rilevante per la situazione di oggi, considerando l'invasione russa dell'Ucraina nel 2022.

Trump fu condizionato non poco da questi sforzi. È ironico che sia stato proprio lui a cominciare a inviare le armi «offensive» a Kiev, dopo che Barack Obama si era limitato a fornire solo quelle «difensive», per evitare di militarizzare lo scontro nel Paese. Durante il mandato del presidente che avrebbe voluto aprire a Putin, i rapporti tra la Russia e gli Stati Uniti continuarono a peggiorare. E quando Trump intraprendeva qualche iniziativa diversa, non fu difficile farla deragliare: un esempio fu il vertice di Helsinki di luglio 2018. In quell'occasione Trump e Putin avevano preso accordi importanti come l'aumento della cooperazione militare in Siria, il rinnovo dei negoziati sulle armi nucleari e sui missili a medio raggio, nonché nuove iniziative di collaborazione industriale. Tutto questo fu abbandonato poco dopo, in quanto l'unica cosa di cui si parlò nei giorni successivi fu la risposta di Trump alla domanda di un giornalista dell'Associated Press in merito alle interferenze russe nelle elezioni del 2016. Sui giornali americani, Trump veniva addirittura paragonato a Neville Chamberlain, il primo ministro inglese che aveva fatto grandi concessioni a Adolf Hitler a Monaco di Baviera nel 1938.

Perché insisto sulle motivazioni politiche dietro agli attacchi contro Trump sulla questione russa? Proviamo a guardare quei fatti dal punto di vista di oggi. Il successo delle iniziative per bloccare ogni apertura di Trump alla Russia è stata una vittoria per l'establishment che favoriva la linea dura contro Mosca. Ma è stata una perdita drammatica per l'Ucraina e per l'Europa intera, con centinaia di migliaia di vittime e un livello di distruzione inimmaginabile finora nel dopoguerra. Donald Trump puntava su un «grand bargain» con Putin, un accordo in cui Mosca avrebbe aiutato gli americani a raggiungere i loro obiettivi nel Medio Oriente, in cambio di un riconoscimento da parte degli USA dell'annessione russa della Crimea. Le voci contrarie erano forti, ammonivano che fare concessioni a Vladimir Putin era pericoloso, e l'iniziativa non è mai decollata.

Sapendo quello che sappiamo oggi, sarebbe stato saggio fare un accordo con la Russia sulla Crimea nel 2017-2018? Sarà possibile per Kiev riprendere la Crimea e tutti i territori del Donbass senza uno scontro militare ancora più intenso con Mosca? La Casa Bianca ha lavorato per evitare uno scenario del genere, ma più va avanti il conflitto più aumentano i rischi per tutti, come sottolinea l'entrata nel territorio russo da parte delle forze ucraine nel mese di agosto 2024.

È stato facile accusare di «appeasement», di troppa acquiescenza verso il nemico, chi prima del 2022 caldeggiava la diplomazia con la Russia. Tra l'altro lo hanno tentato tre presidenti di fila: Obama, Trump e Biden, ma sempre con l'opposizione delle istituzioni di sicurezza nazionale. Putin ha tutte le sue colpe, in quanto è stato lui a decidere di invadere l'Ucraina, rivendicando una sfera d'influenza che l'Occidente non è disposto a riconoscergli; ma è fin troppo evidente che se Trump avesse raggiunto un accordo con Putin allora, questo avrebbe portato a un esito infinitamente migliore del conflitto catastrofico iniziato nel 2022, che in più approfondisce una spaccatura mondiale molto pericolosa per il futuro dell'umanità intera.

A questo punto, arriva la domanda inevitabile, che mi è stata rivolta innumerevoli volte negli ultimi due anni: se ci fosse stato Trump alla Casa Bianca, ci sarebbe stata la guerra in Ucraina?

La risposta ha due parti, quella ipotetica basata sul *modus operandi* dell'ex presidente e quella più empirica, considerando come si è comportato effettivamente in merito al sobbollente conflitto nell'Est del Paese durante il suo mandato presidenziale. Sul primo versante, possiamo dire tranquillamente che Trump avrebbe cercato di evitare lo scoppio di una guerra diretta. Ha sempre parlato apertamente dell'importanza della diplomazia, del rapporto diretto con Putin. È facile pensare che avrebbe tentato ogni strada per ripristinare la calma, anche concedendo troppo al presidente russo agli occhi di molti occidentali.

L'esperienza reale, invece, ci dice qualcosa di diverso: come già spiegato in precedenza, Trump non riuscì nel suo tentativo di negoziare con il capo del Cremlino. Che fosse colpa sua o colpa delle pressioni istituzionali intorno a lui ha importanza, ma non cambia l'esito. I rapporti tra Stati Uniti e Russia peggiorarono durante la presidenza Trump, e lo scontro si intensificò lungo la linea di contatto, il fronte tra le aree controllate dai separatisti e quelle allora presidiate dalle milizie di estrema destra ucraine.

Rimane da considerare come Trump avrebbe reagito se si fosse trovato in una situazione d'emergenza, di fronte all'invasione russa del 24 febbraio 2022. Anche qui, le evidenze empiriche ci sono, e non sono positive. Basta guardare il suo comportamento nel Medio Oriente per capire i rischi a cui si sarebbe andati incontro. Intanto, in merito all'Iran, Trump ha adottato gli obiettivi del mondo dei neoconservatori americani – in teoria i suoi nemici, almeno quando si parla della Russia. Piuttosto che proseguire con la diplomazia ingaggiata da Barack Obama, che aveva portato all'accordo nucleare del 2015, ha ritirato gli Stati Uniti dall'intesa, promettendo – in modo del tutto velleitario – di costringere Teheran a firmare un nuovo accordo più favorevole agli USA.

L'esito era scontato: invece di avere un programma nucleare civile sorvegliato costantemente dall'Agenzia internazionale dell'energia atomica, l'Iran ha ripreso ad arricchire l'uranio, aprendo alla possibilità dello sviluppo di una bomba. Teheran ha concluso che non è più possibile fidarsi dell'America e quindi che non deve chiudere la porta al deterrente militare per eccellenza, seppur senza imboccare definitivamente la strada delle armi nucleari. Ha continuato le sue operazioni militari e politiche attraverso i gruppi alleati in altri Paesi del Medio Oriente, ingaggiando scontri indiretti con Israele e con gli stessi Stati Uniti.

A questo punto, Trump ha fatto qualcosa che nessuno aspettava, ordinando l'uccisione del generale Qasem Soleimani, personaggio molto importante e popolare nel suo Paese. Un colpo diretto allo Stato iraniano che può essere visto come un buon esempio della strategia «escalate to de-escalate», in cui si alza il livello dello scontro per costringere l'altra parte a fermarsi, pena lo scoppio di un conflitto generale. In questo caso ha funzionato in parte, almeno nel breve termine, dal momento che Teheran ha sì risposto lanciando missili contro alcune basi irachene che ospitavano soldati americani, ma con conseguenze limitate e facendo capire chiaramente la propria volontà di non andare oltre.

Ora possiamo tornare alla domanda: cosa sarebbe successo se Trump fosse stato presidente al momento dell'invasione russa dell'Ucraina? La sua disponibilità a ordinare un attacco sproporzionato, e la sua imprevedibilità – che lui e molti altri considerano un vantaggio tattico – non sembrano molto adatte alla gestione di un potenziale scontro tra superpotenze nucleari. Trump puntava a mettere «massima pressione» sugli avversari per ottenere dei risultati; fa un po' paura pensare a come avrebbe perseguito questa strategia nei confronti di Mosca.

Prima di concludere questo capitolo su Donald Trump, sarà utile valutare rapidamente le sue altre iniziative, per capire quanto hanno cambiato il Paese i suoi quattro anni alla Casa Bianca, e cosa ne rimane oggi. I risultati sono alterni: Trump effettivamente ha tentato di avviare la ricostruzione della base industriale americana, seppur in modo poco organico, ma dall'altra parte ha approfondito le divisioni sociali. Lo ha fatto con il suo modo di esprimersi e di trattare vari gruppi sociali, e perché ha lasciato molte decisioni in mano a gruppi conservatori determinati a proseguire politiche repubblicane di vecchio stile, poco in linea con le istanze del nuovo populismo.

In politica estera, bisogna ricordare i vari tentativi di Donald Trump di ritirare le truppe americane dai conflitti nel Medio Oriente. Da presidente si è scontrato continuamente con il Pentagono e con il Dipartimento di Stato, che non concordavano con il suo obiettivo di riportare a casa i soldati dalla Siria e dall'Afghanistan. Più volte ha annunciato il ritiro dalla Siria, per esempio, solo per poi criticare i suoi due segretari alla Difesa rei di non aver seguito le sue direttive. Questa è stata una delle molte istanze di resistenza istituzionale alle virate del quarantacinquesimo presidente rispetto alle politiche consuete dell'establishment.

Trump ha avuto più successo in campo economico, lanciando una guerra commerciale, con l'applicazione di dazi su molti prodotti cinesi, per poi portare Pechino al tavolo dei negoziati alla ricerca di un nuovo equilibrio. I dazi non sono stati molto efficaci nel breve termine, ma segnano un punto importante nella svolta della politica economica americana che ha poi preso ulteriore vigore sotto Joe Biden, come vedremo più avanti. L'amministrazione Trump ha anche potenziato il ruolo dello Stato in particolare nel 2020 durante la crisi dovuta al Covid-19, con interventi pubblici per sostenere famiglie e imprese e azioni d'emergenza con cui il governo ha guidato iniziative importanti nella produzione di dispositivi medici e utilizzato il settore finanziario per sostenere l'economia reale.

In merito ai grandi accordi commerciali, contestati durante la campagna del 2016 come esempi della globalizzazione da combattere, Trump ha portato effettivamente dei cambiamenti significativi. Dopo un primo tentativo andato a vuoto, la Casa Bianca ha lavorato insieme ai democratici e ai sindacati per riscrivere il NAFTA, il vecchio accordo di libero scambio con il Messico e il Canada. Il risultato è stato un passo in avanti importante, che ha aumentato le protezioni per i lavoratori e combattuto il modello della produzione a basso costo.

A livello più ampio, invece, Trump non ha tenuto fede alla sua promessa di stare dalla parte dei lavoratori: ha proseguito con la tradizionale politica repubblicana anti-sindacale e varato numerose regole per aiutare le imprese ad aggirare gli obblighi della sicurezza e del welfare. L'obiettivo dichiarato di questa politica, come anche del grande taglio delle tasse varato nel 2017, era abbassare i costi per il mondo del business e così facilitare nuovi investimenti nella manifattura. I risultati sono stati deludenti. Per esempio, ha varato un programma per far rimpatriare i capitali detenuti dalle grandi società all'estero. L'incentivo ha avuto l'effetto desiderato, ma buona parte dei soldi sono stati impiegati nel riacquisto delle azioni delle stesse società, cioè trasferendo la liquidità ai propri azionisti piuttosto che investirla. Difatti, ha fatto molto per aiutare Wall Street, tradendo le aspettative di chi lo vedeva come un uomo pronto a sfidare la grande finanza.

Su alcuni temi sociali Trump ha lasciato sicuramente il segno. Nel cercare di combattere l'immigrazione ha varato programmi inediti per frenare i flussi al confine sud del Paese. Non è riuscito a completare il famoso muro tra USA e Messico, ma ha trovato modi – spesso discutibili – per ridurre il numero di ingressi: con pratiche dure per chi oltrepassava il confine, compresa la separazione di bambini dai genitori, ma anche con il programma «Remain in Mexico» che riduceva il diritto di rimanere negli Stati Uniti nelle more della richiesta di asilo.

Il segno più duraturo si vede nel sistema giudiziario, elemento chiave per i presidenti americani che hanno la possibilità di nominare centinaia di giudici all'interno del sistema federale, per ruoli che in molti casi sono a vita. Trump ha sfruttato l'ambizione del movimento conservatore durante la sua prima campagna elettorale, promettendo espressamente di scegliere tra giudici graditi alla Federalist Society, un'organizzazione di conservatori e libertari che mira a cambiare l'orientamento ideologico del sistema giudiziario americano. Con

Trump ci sono riusciti, non solo con le nomine consuete alle corti minori, ma soprattutto perché il presidente ha avuto l'occasione di nominare tre giudici della Corte Suprema, spostando la sua composizione verso destra. Il risultato più controverso è stato il cambiamento sul tema dell'aborto, con la decisione di revocare il diritto all'interruzione della gravidanza, ribaltando la posizione seguita dai tribunali per quasi cinquant'anni.

Questo grande successo ideologico si è rivelato, però, un boomerang a livello politico. I democratici sono riusciti a mobilitare molte donne, e il fronte dei progressisti, per rispondere a questa mossa, costando ai repubblicani parecchi voti nelle elezioni di metà mandato del 2022. Trump ha riconosciuto presto il problema, chiedendo posizioni più morbide alla base su cui si era appoggiato in precedenza, ma senza limitare le iniziative legislative degli Stati conservatori contro l'aborto, ora permesse dopo la decisione della Corte Suprema.

Per concludere, non si può non citare la fine disastrosa della sua presidenza. Trump non ha accettato la sconfitta da parte di Joe Biden, attaccandosi all'idea che poteva perdere soltanto a causa di ampi brogli nelle operazioni di voto. Tutti i tentativi di accusare funzionari locali di questo genere di abusi sono però stati facilmente smentiti. Concretamente, i legali di Trump hanno avviato sessantadue azioni legali per contestare il voto in vari Stati, e praticamente tutte sono fallite subito per mancanza di prove o di legittimazione, spesso respinte da giudici nominati dallo stesso Trump. In un solo caso si è avuta una decisione favorevole iniziale, che ha accorciato di tre giorni il termine entro il quale gli elettori della Pennsylvania dovevano mostrare i loro documenti identificativi se si erano presentati al seggio senza averli con sé; una decisione che non ha modificato i conteggi, e che è stata comunque ribaltata in appello dopo poco tempo. Trump non è stato proprio capace di digerire la sconfitta del 2020. Ha insistito sui brogli con una narrazione priva di ogni base fattuale, e così facendo ha approfondito la spaccatura politica nel Paese per un motivo puramente personale.

A questo punto l'enigma del personaggio Trump è un po' più chiaro: ha sfruttato il malcontento della popolazione americana per vincere le elezioni, e ha tentato di introdurre cambiamenti importanti sul tema della globalizzazione economica e anche sul coinvolgimento americano nei conflitti militari all'estero. Ha generato profonde divisioni sociali, ha permesso ai conservatori tradizionali di guidare la sua politica su temi sociali come l'aborto e i rapporti tra lavoratori e industrie; e soprattutto, ha messo sé stesso davanti alla Costituzione USA, aprendo un vaso di Pandora con la decisione di contestare le elezioni senza alcuna prova, esacerbando la polarizzazione politica in una nazione che ha bisogno invece di ritrovare un'identità condivisa.

La presidenza di Donald Trump dal 2017 al 2021 ha comunque marcato un momento di cambiamento nella storia americana, e anche internazionale: l'inizio della svolta economica che sarebbe stata continuata dal suo successore. Avrebbe fatto bene a rivendicare questo contributo essenziale ai destini della nazione, e accettare il giudizio degli elettori nel 2020. Ha deciso, invece, di alzare il livello dello scontro per tentare di salvare sé stesso, e di perseguire una strategia che potrebbe sconvolgere l'assetto costituzionale del Paese.

3.
La sorpresa Biden

Quando Joe Biden ha sostituito Trump alla Casa Bianca nel gennaio 2021, molti in Europa hanno tirato un sospiro di sollievo, in particolare dopo i tentativi di Trump di rimanere al potere contestando i risultati delle elezioni. Biden si presentava come la faccia della normalità, del ritorno a una politica rispettosa e mainstream, pronto a ricucire i rapporti con il Vecchio Continente e ad avviare una nuova fase di diplomazia internazionale.

Era una visione un po' confusa, in quanto si basava su un giudizio superficiale in merito al suo predecessore Trump, che lo vedeva come isolazionista e protezionista, ma anche pericoloso e inaffidabile. Sono tutti aggettivi che in parte gli si applicano, ma l'analisi sviluppata nel capitolo precedente ci aiuta a notare aree di sostanziale continuità da parte dell'amministrazione Biden. Ce ne sono, soprattutto sui grandi temi dell'economia e della politica estera, anche se, come spesso succede con i presidenti americani, gli eventi irrompono e rendono più difficile seguire gli obiettivi prefissati.

Joe Biden, per esempio, non aveva nessuna intenzione di trovarsi coinvolto in uno scontro strategico e militare con la Russia. In realtà la sua intenzione era di accelerare sulla diplomazia laddove aveva fallito Trump, come anche di continuare con il ritiro delle truppe dal Medio Oriente allargato. In più, Biden aveva deciso durante la campagna elettorale del 2020 che era ora di abbandonare il centrismo neoliberale seguito per decenni in economia, e di perseguire politiche più vicine a quelle di Franklin Delano Roosevelt che a quelle dei suoi predecessori recenti, anche democratici. Chi si aspettava un allontanamento dal protezionismo sarebbe stato molto deluso: è successo a Bruxelles, dove si è passati rapidamente dalla convinzione di avere un amico alla Casa Bianca alle lamentele per la troppa somiglianza tra le politiche economiche di Biden e quelle di Trump.

Ci sono tante differenze tra i due presidenti, su temi come l'aborto, i diritti civili, l'ambiente, la regolamentazione e il lavoro, ma sulle due grandi aree che avevano connotato la scossa di Trump al modello della globalizzazione c'è stata una continuità sorprendente. Nessuno dei due lo ammetterebbe mai, purtroppo. Fa parte del gioco politico, si capisce, ma forse riconoscere che l'altro non è la persona più cattiva del mondo, da demonizzare in ogni modo possibile, avrebbe aiutato ad abbassare la temperatura della polarizzazione all'interno del Paese. Invece i partiti politici hanno scelto un'altra strada, e ora tocca a chi può sviluppare analisi più approfondite spiegare perché Donald Trump e Joe Biden hanno avuto entrambi un ruolo essenziale nel processo di correzione degli effetti negativi della globalizzazione post-industriale. Allo stesso tempo bisogna contare su un graduale miglioramento effettivo delle condizioni di vita delle classi medie e delle classi popolari in America, per attenuare in qualche misura il rancore tra le diverse fasce sociali.

Come abbiamo fatto con Donald Trump, cominciamo guardando l'approccio di Joe Biden al rapporto con la Russia. Dallo scoppio della guerra in Ucraina, Biden ha assunto il ruolo del difensore dell'alleanza occidentale contro le nefandezze di

Vladimir Putin, seppur muovendosi lentamente sulla fornitura di armi a mano a mano più potenti a Kiev, volendo evitare ogni rischio di trovarsi in un conflitto diretto con la Russia. Questo ruolo, rafforzato continuamente nei discorsi pubblici e nei consessi internazionali, fa dimenticare quanto stava succedendo prima dello scoppio del conflitto tra Mosca e Kiev, un processo di apertura diplomatica sorprendente, che andava ben oltre quello che era riuscito a ottenere Donald Trump.

Torniamo al giugno 2021, quando i due presidenti tennero un vertice bilaterale a Ginevra. Biden offrì alla sua controparte un «Dialogo tra grandi potenze», cioè un tentativo di mostrare rispetto a Putin e aumentare la stabilità e la prevedibilità dei rapporti tra i due Paesi. Si stabilirono anche dei gruppi di lavoro su vari temi importanti, come il controllo degli armamenti, il Medio Oriente, e perfino la cyber security. Cioè, mentre il «New York Times»[5] e altri grandi giornali passavano il tempo a confrontare l'approccio di Biden con quello di Trump a Helsinki nel 2018 – vertice sabotato proprio dalla stampa, come ricordato nel capitolo precedente – il presidente americano faceva dei

[5] *A tale of two summits: Trump at Helsinki, and Biden at Geneva*, in «The New York Times», 16 giugno 2021.

passi verso una cooperazione decisamente inedita. Addirittura, il governo russo si mosse d'accordo con Washington per fermare gli hacker che operavano dalla Russia. Poche settimane dopo, REvil, il più temuto gruppo criminale del «ransomware» – la pratica con cui si chiede un riscatto ad aziende e altre organizzazioni per fermare gli attacchi informatici – sparì dal web. Fu solo uno dei segni della nascente collaborazione tra Mosca e Washington.

Pochi si ricordano di questa iniziativa, in parte perché i grandi giornali ne hanno parlato poco e tardi – sempre il «New York Times» «svelò» la notizia solo dopo quattro mesi[6] – e in parte per quello che è successo dopo: la guerra in Ucraina. È importante, però, ricordare il dialogo iniziato a Ginevra proprio per capire che Joe Biden mai si sognava di dover gestire un conflitto come quello che poi si sarebbe sviluppato. La speranza, casomai, era di ripristinare i tentativi di migliorare i rapporti con la Russia, a scapito della Cina: la stessa operazione discussa all'inizio del mandato di Trump. Henry Kissinger, segretario di Stato che negli anni Settanta aveva stabilito relazioni diplomatiche con la Cina per controbilanciare il ruolo

[6] *Rivals on World Stage, Russia and U.S. Quietly Seek Areas of Accord*, in «The New York Times», 31 ottobre 2021.

dell'Unione Sovietica, aveva incoraggiato Trump a fare un'operazione uguale e contraria, vista la sua disponibilità a parlare con Vladimir Putin. Anche su questo punto, dunque, Biden ha ripreso un'iniziativa del suo predecessore; ma proprio come nel caso di Trump, gli eventi hanno finito per portarlo nella direzione opposta.

Anche in Afghanistan Biden ha seguito le tracce di Trump. In un certo senso lo doveva fare, perché nel febbraio del 2020 tra gli USA e i talebani era stato raggiunto un accordo che prevedeva il ritiro delle truppe statunitensi. Biden è stato molto criticato per il modo disastroso in cui il ritiro è avvenuto, con caos all'aeroporto e poi la morte di 183 persone, compresi 13 militari americani, in un attentato attribuito all'ISIS-K, cioè lo Stato islamico della provincia di Khorasan. Nel difendersi Biden non si è limitato a citare l'accordo precedente, ma ha anche affermato la necessità di un cambiamento di fase, l'impossibilità di rimanere in Afghanistan per sempre. In un discorso alla nazione ha affermato che non aveva nessuna intenzione di prolungare questa «forever war», e che «la decisione in merito all'Afghanistan non riguarda solo l'Afghanistan. Si tratta di porre fine a un'epoca di grandi operazioni militari per *rifare* altri Paesi».

Il processo era già in atto da tempo. Nei primi anni della Guerra al terrorismo, i neoconservatori dell'amministrazione di George W. Bush si erano posti l'obiettivo del cambiamento di regime in vari Paesi del Medio Oriente, per ottenere governi più democratici e favorevoli agli USA. Barack Obama aveva criticato fortemente la guerra in Iraq, ma poi una volta alla Casa Bianca si era lasciato trascinare nell'attacco alla Libia. Anni dopo avrebbe definito la mancanza di pianificazione per il dopo-Gheddafi il peggiore errore della sua presidenza. Si è dichiarato orgoglioso, invece, di non essersi piegato ai «tipici schemi di Washington» nel caso della Siria, evitando una nuova avventura militare che poteva finire con ulteriore caos nella regione, e cercando piuttosto nuove forme di cooperazione con la Russia nel 2013. Anche questo viene ricordato poco, in quanto il processo di miglioramento dei rapporti è stato interrotto presto, in questo caso dagli eventi in Ucraina del 2014, quando Putin ha reagito al cambio di governo a Kiev prendendo il controllo della Crimea e rafforzando le «repubbliche separatiste» del Donbass.

L'obiettivo strategico generale degli Stati Uniti

ha cominciato a cambiare durante gli anni di Obama, con il «Pivot to Asia», cioè lo spostamento delle attenzioni verso il mondo asiatico, chiaramente allo scopo di contrastare la crescente influenza della Cina. Corollario di questa visione era la fine delle guerre in Medio Oriente e una qualche forma di convivenza con la Russia, considerata comunque più affine all'America rispetto al nuovo, ingombrante rivale asiatico. È per questo che abbiamo visto Obama, Trump e poi Biden cercare di diminuire l'impegno sul fianco est e sud dell'Europa, e puntare a nuove alleanze e iniziative nella zona del Pacifico. Non significa certamente ritirarsi del tutto. Alcune truppe sono state spostate, ma le basi rimangono, come continuano anche gli interventi più limitati nelle aree di crisi tra il Medio Oriente allargato e l'Africa, dove la presenza americana rimane significativa. Tuttavia, la pianificazione strategica si concentra sul contrasto con Pechino: come vincere la sfida geoeconomica e anche militare, se si dovesse arrivare a uno scontro diretto.

Non tutte le componenti dell'establishment americano concordano con questa visione. C'è sicuramente ampio consenso sulla necessità di prepararsi per una nuova fase di antagonismo con la Cina, ma permangono dissapori nel mondo della sicurezza nazionale per i tentativi di tutti i presidenti recenti di aprire la porta a Vladimir Putin. I risultati sono evidenti: iniziative, gestite per esempio nell'ambito del Dipartimento di Stato, che nel corso di anni hanno posto le basi per il «regime change», cioè promuovendo i movimenti anti-russi in vari Paesi dell'Europa orientale. Le popolazioni di queste zone hanno la legittima aspirazione di costruire delle società più democratiche e beneficiare di rapporti più stretti con l'Occidente. La domanda che bisogna porre, però, è come aiutarle a perseguire questo obiettivo. Dall'altra parte c'è un regime che teme di essere il bersaglio di tentativi di indebolimento o addirittura di rovesciamento sostenuti dai governi occidentali.

Non è una contraddizione dire che gli ucraini hanno il diritto di essere indipendenti ma anche che la modalità seguita in questi anni ha peggiorato nettamente la situazione; è una presa d'atto della realtà di un mondo dove, purtroppo, le armi parlano ancora. Forse sarebbe stato meglio perseguire proprio quella strada caldeggiata dalla Casa Bianca negli ultimi anni prima del conflitto. Joe Biden avrebbe voluto provarci, ma la sua strategia è rimasta vittima di una fuga in avanti bilaterale: tra chi sul lato occidentale spingeva per l'ingresso di

Kiev nella NATO, *de facto* o *de iure*, e il capo del Cremlino che ha deciso che non poteva più aspettare per difendere la propria sfera d'influenza, nonostante l'enorme rischio che si è assunto con la sanguinosa invasione del territorio ucraino.

Joe Biden ha finito per fare il guerriero per la democrazia. Ha cercato di farlo con misura, telegrafando ogni mossa in modo da evitare malintesi che potrebbero portare a una pericolosa escalation nello scontro per procura con Mosca. È chiaro che un conflitto diretto non conviene a nessuno in questo caso, in quanto metterebbe a rischio la vita sul pianeta intero, ma abbiamo già visto che di fronte alla restrizione della sua influenza la Russia reagisce in modi che per noi sono imprevedibili e inaccettabili. Continuare su questa strada per anni, sperando di approfittare dell'eventuale indebolimento dell'avversario per riprendere il sogno neoconservatore di cambiare il governo a Mosca, sarebbe una strategia cinica e poco realistica. Cinica per le altre decine di migliaia di morti che ne conseguirebbero, e poco realistica perché la configurazione delle potenze mondiali sta cambiando, e quindi l'obiettivo dell'isolamento della Russia risulta poco efficace. Infatti di fronte alle sanzioni l'economia russa non solo non è crollata, ma ha potenziato i rapporti commerciali con altre parti del mondo. Serve ragionare su come promuovere i valori occidentali senza che gli avversari percepiscano un tentativo di imporli, il che provoca reazioni dannose e pericolose. Le loro contromosse possono essere sbagliate dal punto di vista dei principi democratici, ma non toglie il fatto che dobbiamo lavorare per evitarle.

Non è facile, anche per via degli errori passati, ma a Washington perlomeno la riflessione è già in corso da anni. Ora c'è bisogno di un presidente che trovi il coraggio di riprendere il cammino della diplomazia vera.

Nel mondo dell'economia, il nuovo paradigma avanza più rapidamente. Qui le provocazioni di Trump sono state accolte da Biden, e portate avanti in modo ragionato. I dazi sulla Cina sono rimasti, mentre i programmi di spesa pubblica e di incentivi industriali sono aumentati fortemente. Il protezionismo non è un fenomeno passeggero ma fa parte di un ripensamento delle politiche della finanziarizzazione e della globalizzazione dell'ultimo mezzo secolo. Pochi si sarebbero aspettati una risposta di questo tipo da Joe Biden prima del 2020. Era sempre stato un centrista, seguendo il mainstream del proprio partito. Negli anni Novanta votò per l'eliminazione della separazione bancaria, la famosa legge Glass-Steagall che proteggeva le attività bancarie normali da quelle speculative. Successivamente, da vicepresidente nel periodo dopo la grande crisi del 2008, appoggiò con convinzione la riforma Dodd-Frank, la risposta del Congresso agli eccessi di Wall Street. Si trattava di una legge decisamente insufficiente a cambiare la direzione dell'economia americana, ma solo le frange più a sinistra invocarono misure più incisive, senza grande successo.

Le due voci principali in questo senso erano quelle di Bernie Sanders ed Elizabeth Warren. Nel 2016 Sanders andò vicino alla vittoria nelle primarie democratiche con una forte campagna contro la grande finanza e gli effetti della globalizzazione. Attaccò gli accordi commerciali internazionali – come faceva Donald Trump dall'altra parte – e invocò una rivoluzione nel Paese per combattere le disuguaglianze. Il suo successo relativo segnò un momento di cambiamento importante nella politica americana: era la prima volta in oltre quarant'anni che uno dei candidati principali per la presidenza aveva proposto una grande espansione dello stato sociale, rifacendosi al New Deal di Franklin Delano Roosevelt. Per decenni, invece, il Partito democratico si era trasformato in una formazione liberista, promuovendo la deregulation a livello interno e il libero scambio a livello internazionale, a prescindere dagli effetti sulla classe lavoratrice americana. Sanders poteva vantarsi di essersi opposto a questa trasformazione a ogni passo, e anche di aver votato contro l'autorizzazione alla guerra in Iraq del 2003. L'energia creata dalla sua campagna elettorale del 2016, primarie perse di misura contro la favorita Hillary Clinton, ha mostrato che questi temi, seppur bollati come «socialisti» dai suoi oppositori, erano in grado di catalizzare l'interesse e l'adesione della popolazione.

Sanders ha ripreso la battaglia nella campagna del 2020, ma senza lo stesso slancio di quattro anni prima. Sotto alcuni aspetti è stato surclassato dalla sua collega, la senatrice Elizabeth Warren, la candidata progressista più preparata su temi economici degli ultimi decenni. Le sue battaglie contro le grandi banche e le corporation per creare un'economia più solida per la classe media offrivano la prospettiva di una vera rooseveltiana alla Casa Bianca, ma proprio Sanders ha lavorato insieme ai candidati centristi per fermarla nel momento in cui sembrava prendere la testa del gruppo nelle primarie. A quel punto Joe Biden ha cominciato a emergere come il candidato capace di guidare il partito nella sfida contro il presidente uscente Donald Trump. Biden si presentava come un uomo buono e di grande esperienza, pronto a restituire al Paese una bussola morale, ed era attento a evitare posizioni che potevano esporlo all'accusa di essere un estremista di sinistra. Capiva che gli americani vogliono il cambiamento, ma non una «rivoluzione»: ne abbiamo avuta una di grande successo quasi duecentocinquanta anni fa, e tendiamo a dubitare di chi propone cambiamenti radicali del nostro modo di vivere. Piuttosto Biden proponeva un ritorno ai principi di correttezza e di normalità dopo gli anni convulsi di Trump. E a livello di equilibri interni, aveva consolidati legami con molti funzionari importanti del partito – a partire dai leader afroamericani – il che gli permetteva di approfittare della situazione di stallo quando i voti della base erano divisi tra la sinistra e il centro del partito.

La sua vittoria sembrava una sconfitta per chi proponeva un cambiamento più profondo nella direzione del Paese, ma da lì a poco il vecchio Joe avrebbe sorpreso tutti. Appena i suoi avversari principali si ritirarono dalle primarie, Biden cominciò a cambiare. Erano i primi mesi della pandemia da Covid-19, con l'economia in caduta libera e l'incertezza sociale che dilagava. Va ricordato che negli Stati Uniti non c'è una garanzia del posto di lavoro: se cala l'attività di un'impresa, qualunque sia, dopo pochi giorni o settimane i dipendenti vengono lasciati a casa, non messi in cassa integrazione. La necessità di un deciso intervento governativo era evidente, e Joe Biden iniziò a dire che serviva un programma «molto più grande», facendo «qualsiasi cosa dovesse servire» per migliorare la vita della popolazione. Dopo aver criticato le idee di Sanders e Warren come troppo di sinistra durante le primarie, si spostò nella loro direzione, e avanzò varie proposte per potenziare lo stato sociale, aumentare le pensioni, e tagliare i costi dell'università. Insomma, era cambiato il vento, e così è cambiato Joe Biden: di fronte al collasso vissuto da una grossa fetta della popolazione americana, il politico di lunga data aveva capito la necessità di presentarsi in modo diverso, non più il moderato che avrebbe semplicemente riportato tutto alla normalità. I puristi si lamentavano che era arrivato tardi, e chissà quanto fosse sincero. Il suo comportamento quando è arrivato alla Casa Bianca ha dimostrato che faceva sul serio.

La più grande sfida per i politici di tutte le nazioni occidentali in questi anni è ricostruire la fiducia tra le istituzioni e la popolazione. Il populismo è arrivato perché i responsabili delle strutture di governo vivevano in un mondo loro, rispondendo alle pressioni delle élite che definivano un percorso «inevitabile» da seguire, ma occupandosi molto meno di come affrontare le conseguenze negative della globalizzazione per una grande fetta della popolazione.

I primi tentativi di farlo hanno fallito per via di una contraddizione, almeno agli occhi dei rappresentanti delle istituzioni. Barack Obama, per esempio, sperava di migliorare lo stato sociale, ma di farlo senza violare le leggi (apparentemente) immutabili dell'economia, cioè rispettando i vincoli di bilancio e le prerogative del libero mercato. Obama, come i suoi colleghi europei, pensava che il modello del commercio globalizzato fosse intoccabile, e che occorresse quindi lavorare all'interno di quella matrice per perseguire gli obiettivi strategici di mantenere l'influenza del mondo occidentale e di contrastare quella dei Paesi meno democratici, con in testa la Cina. Cioè, quello che sembrava bene per la nazione a livello macro poteva avere effetti negativi a livello micro. È una vecchia storia che gli economisti ci raccontavano da tempo: aiutare degli interessi specifici significa distorcere il mercato, e quindi diminuire l'efficienza dell'economia totale. Se hai perso il lavoro a causa della delocalizzazione, dovrai reinventarti per andare dietro al mercato, non frenare l'innovazione; se il mercato finanziarizzato porta a effetti negativi per i lavoratori, occorre tappare i buchi e aiutare i più sfortunati, non certamente tornare a un maggiore intervento pubblico per orientare l'economia.

L'amministrazione Biden ha cambiato approccio. Il nuovo presidente ha preso sul serio l'idea di coniugare il benessere dei cittadini con gli obiettivi macro delle istituzioni. Si tratta di una mentalità diversa, una ricerca di coerenza che ha imposto un ripensamento dell'approccio governativo in molti settori. I primi segnali erano emersi durante la pandemia, sotto la presidenza Trump, quando il Congresso aveva approvato alcuni grandi pacchetti di aiuti economici e sociali. Era un momento di emergenza, e quindi ci si poteva legittimamente attendere una forte risposta da parte del governo dell'economia più grande del mondo. Però l'entità degli interventi è stata notevole, e soprattutto la nuova amministrazione democratica ha evitato di seguire il copione standard, quello che tra l'altro ha prevalso in Europa: invece di tirare i remi in barca, tornando alle vecchie regole una volta scattata la ripresa, la decisione è stata di cogliere l'occasione per andare avanti in modo deciso, e avviare una trasformazione della società americana su più fronti.

Per fare questo Biden ha dapprima coinvolto i suoi ex rivali, nominando a posti importanti numerose persone del mondo progressista vicine a Bernie Sanders ed Elizabeth Warren. E poi la sua squadra è arrivata alla Casa Bianca con una serie di proposte massicce di spesa pubblica. Erano ben coscienti dell'errore commesso nel 2009 quando era Barack Obama il presidente: allora si sapeva che serviva un pacchetto di salvataggio più grande per combattere la crisi, ma sembrava inaccettabile andare oltre la soglia psicologica di un «trilione» di dollari; si temevano le critiche dei repubblicani, e di alcuni democratici centristi, in quanto predominava ancora l'idea della «fiscal responsibility», cioè che ogni spesa dovesse essere coperta in qualche modo, per evitare la crescita del deficit e del debito pubblico. Il risultato fu un intervento insufficiente a raggiungere lo scopo, con la conseguenza di una forte delusione dei cittadini nei confronti di

Obama, e un indebolimento delle istituzioni che contribuì alla rivolta populista pochi anni dopo.

Questa volta la Casa Bianca ha stilato dei piani in grande stile: prima l'«American Rescue Plan» da 1,9 trilioni di dollari, con ulteriori sovvenzioni dirette ai cittadini (già iniziate con Trump), maggiori sussidi per i disoccupati, aiuti per le imprese e gli enti locali, oltre all'espansione dei sussidi sanitari. Successivamente l'amministrazione ha proposto il programma «Build Back Better» per completare il percorso: altri due pacchetti legislativi per ricostruire le infrastrutture, affrontare gli effetti dei cambiamenti climatici, e potenziare in modo significativo lo stato sociale. Questa seconda fase si è arenata dopo pochi mesi, in quanto due senatori democratici centristi, Joe Manchin della West Virginia e Kyrsten Sinema dell'Arizona, si sono smarcati a causa delle solite preoccupazioni sull'eccessiva spesa pubblica, andando incontro all'opposizione dei colleghi repubblicani. Alcune delle previsioni sono state comunque adottate in altre forme, in misura minore, nella legge bipartitica sulle infrastrutture, varata nel 2021, e nell'«Inflation Reduction Act» (IRA) del 2022. La prima è stata un passo importante verso la ricostruzione delle infrastrutture di base, anche se rimane moltissimo da fare solo per mettere in sicurezza ponti, strade e aeroporti nel Paese. Ci sono importanti investimenti anche nel trasporto pubblico, comprese le ferrovie – area in cui gli Stati Uniti sono molto carenti – e per promuovere i veicoli elettrici, nonostante le polemiche repubblicane sugli stessi.

L'«Inflation Reduction Act» è stato chiamato così per motivi politici, con l'obiettivo di dimostrare ai cittadini che si stava lavorando per frenare il forte aumento dei prezzi provocato dagli squilibri che la crisi pandemica aveva inflitto ai mercati e ai trasporti internazionali. In realtà si trattava di un intervento mirato ad attuare il programma ambientale dell'amministrazione, con investimenti in aree come la sicurezza e l'efficienza energetica, l'energia solare e anche nucleare. Una componente importante sono i sussidi per la manifattura avanzata, che contribuiscono alle misure che favoriscono le imprese americane nel settore dell'energia pulita, di riflesso danneggiando quelle europee. Le altre parti dell'IRA riguardano la sanità e il fisco: riduzione del prezzo dei farmaci, misure contro l'elusione fiscale da parte delle grandi società, e altri tentativi di aumentare il gettito fiscale con penalità sulle attività finanziarie poco produttive. Per questo ufficialmente la legge farebbe diminuire il deficit nel tempo, quindi non dovrebbe produrre inflazione. In ogni caso, si tratta principalmente di un'altra gamba del nuovo programma economico della Casa Bianca di Biden. Bando a ogni indugio, largo all'intervento pubblico per plasmare un'economia più giusta e produttiva.

Insieme alle misure legislative, il presidente si è attivato su vari altri fronti per dimostrare la sua volontà di aiutare non solo la classe medio-alta, cioè i professionisti delle grandi città e chi lavora nel mondo tech o nella finanza. L'intenzione era contrastare la narrazione secondo la quale il Partito democratico avrebbe abbandonato la classe lavoratrice a favore dei ceti più abbienti che hanno tratto beneficio dalla globalizzazione. Così Biden è diventato il primo presidente in carica a partecipare a un picchetto degli operai in sciopero, durante l'interruzione del lavoro della United Automobile Workers, sindacato nel settore delle auto. L'appoggio aperto di Biden per i sindacati è una posizione inusuale per un presidente, soprattutto negli ultimi anni. I lavoratori sindacalizzati sono pochi negli USA, circa il 10%, molti di meno rispetto al picco di oltre il 30% negli anni Cinquanta e Sessanta. Tuttavia, con la crescita della precarietà del lavoro da qualche decennio, il sostegno per i sindacati tra la popolazione sta risalendo, e oggi nei sondaggi arriva a toccare il 70%. Ci sono numerose campagne per creare nuovi sindacati, per esempio in società della «nuova economia» come Amazon, Tesla e Starbucks, il che riflette uno spostamento graduale del potere negoziale in favore dei lavoratori, in un periodo di bassa disoccupazione e salari crescenti. Biden si è posizionato come grande amico della classe lavoratrice, anche per contrastare il sostegno di cui in questo mondo gode Trump, che nonostante l'enfasi sulla ricostruzione dell'economia industriale rimane ancorato alla linea repubblicana che osteggia i sindacati in quanto distorcerebbero il mercato riducendo la competitività.

L'amministrazione Biden ha perseguito politiche popolari in vari altri settori: per quanto riguarda la sanità, ha posto un limite mensile al costo dell'insulina per i diabetici, di appena 35 dollari, e nel 2026 entreranno in vigore prezzi più bassi per nuovi farmaci soggetti a negoziazione tra lo Stato e le società produttrici. Nel primo grande pacchetto di spese ha esteso l'assegno per chi ha figli minori a tutti i genitori, a prescindere dalla capienza fiscale: 300 dollari al mese a figlio, che hanno fatto calare del 50% il numero di bambini poveri negli Stati Uniti. La misura non è stata rinnovata dopo il primo anno, causa l'opposizione dei repubblicani e dei soliti democratici «responsabili».

Un altro tema importante è quello del costo dell'università. Da candidato Biden ha posto l'obiettivo di offrire l'istruzione superiore gratuita a chiunque la volesse; da presidente ha poi adottato varie misure per tagliare fortemente i debiti degli ex studenti, giunti ormai a livelli altissimi. La Corte Suprema è intervenuta per fermare la prima riduzione nel 2023, ma la Casa Bianca si è rimessa subito all'opera, in cerca di altre vie per tagliare i debiti studenteschi. Il programma è controverso: alcuni elettori si lamentano che introduce delle disparità per chi invece ha già ripagato i prestiti o si è impegnato a chiedere una somma bassa. A livello più generale, è un altro indicatore del nuovo approccio dell'amministrazione: trovare modi di sostenere finanziariamente lavoratori, giovani e poveri, senza preoccuparsi più di tanto degli effetti sul bilancio pubblico. Si possono discutere le tattiche e anche gli effetti delle politiche di Biden, ma è impossibile non riconoscere la netta differenza rispetto all'impostazione delle istituzioni di Washington di appena pochi anni fa.

Data la natura «populista» dei programmi di Joe Biden illustrati sopra, la domanda è legittima: perché è stato un presidente poco popolare? I motivi sono numerosi, e possono essere divisi essenzialmente in due categorie: la prima è la difficoltà di rivendicare dei successi quando i cambiamenti in atto sono graduali, e avvengono a seguito di decenni di indebolimento del tenore di vita di buona parte della popolazione. I miglioramenti richiedono tempo per consolidarsi, e comunque ci sono molti aspetti che il governo fa fatica a gestire, dovuti a forze al di fuori del suo controllo. Uno di questi è l'inflazione, che ha fatto schizzare in alto i prezzi di prodotti essenziali come cibo e carburante, provocando la risposta della banca centrale che ha aumentato i tassi d'interesse. In questo modo la situazione è peggiorata per chi ha un mutuo a tasso variabile, con la rata che è arrivata quasi a raddoppiare per molti proprietari di casa.

A differenza di quanto sostengono i repubblicani, però, buona parte dell'inflazione ha avuto poco a che fare con le politiche di Biden. Gli aumenti sono stati causati dal blocco della produzione e soprattutto dei trasporti durante la fase pandemica, insieme all'aumento del costo dell'energia. Quando l'inflazione ha cominciato a rallentare, i prezzi sono rimasti comunque alti anche perché le grandi corporation hanno deciso di aumentare i profitti piuttosto che tornare indietro, un fenomeno noto come «greedflation», cioè inflazione da avidità, tema sollevato prima da Biden e poi messo al centro dell'attenzione da Kamala Harris nella campagna elettorale. Si stima che meno di un terzo dell'inflazione vista in questi anni sia dovuto al fatto che il governo ha approvato grandissime spese. Può anche valere la pena rischiare un po' di inflazione pur di spingere la politica industriale e aiutare i meno abbienti a migliorare le loro condizioni, ma il costo politico è alto, soprattutto in combinazione con fattori globali molto difficili da controllare.

Il secondo motivo dell'impopolarità di Biden riguarda la polarizzazione politica e sociale: è una triste verità che chi vota repubblicano tende a giudicare la situazione in modo negativo a prescindere, e succede anche nell'altra direzione. I diversi orientamenti ideologici portano le persone alla percezione di vivere letteralmente in realtà diverse. Questo rende ancora più fondamentale ristabilire una qualche sembianza di unità nazionale, ricostruendo una base comune su cui dialogare e obiettivi condivisi verso i quali lavorare, come vedremo nella prossima parte di questo libro.

Naturalmente ci sono campi in cui Biden ha fatto

degli errori, rimanendo in balia degli eventi. Infatti ha agito come un politico di vecchio stampo, applicando spesso uno stile cerchiobottista, sperando di poter fare dichiarazioni pubbliche calibrate attentamente, ma poi trattare per raggiungere i suoi obiettivi veri in privato. Lo si è visto molto bene in politica estera: per mesi ha espresso forte sostegno per Israele, mentre dietro le quinte implorava Benjamin Netanyahu di frenare l'operazione militare a Gaza. Ha tentennato a lungo prima di cominciare a limitare gli invii di armi a Israele, e prima di arrivare a chiedere apertamente un cessate il fuoco ha bloccato numerose risoluzioni nel Consiglio di Sicurezza delle Nazioni Unite. Infine, nel mese di giugno ha deciso di aprire una nuova fase, cercando di forzare la mano a Netanyahu con una nuova risoluzione e la promozione di un piano per porre fine al conflitto.

Anche sull'immigrazione l'amministrazione Biden ha fatto molta fatica a gestire la situazione. È indubbio che l'arrivo di un democratico alla Casa Bianca abbia riacceso le speranze di molti migranti che si sono messi in marcia verso gli Stati Uniti. Il risultato è stato un numero record di arrivi, che oggettivamente il sistema non è stato in grado di gestire. Biden ha capito male la forza della questione a livello popolare, e ha cercato di rimediare con una nuova proposta di legge solo all'inizio del 2024. Quando Trump ha convinto i repubblicani ad abbandonare il compromesso per non concedere al presidente una vittoria politica nell'anno elettorale, nel mese di maggio Biden ha preso decisioni esecutive per limitare il numero di richiedenti asilo che possono rimanere nel Paese in attesa di comparire davanti a un giudice, cosa che spesso richiede tempi lunghissimi. Anche su questo tema Biden è stato poco decisivo: per fare funzionare il sistema ci sono necessità tecniche e finanziarie, e ci sono anche settori dell'economia che hanno bisogno di più immigrati. La politicizzazione ha fatto sì che il Congresso non abbia mosso un dito per risolvere il problema; il presidente doveva essere più deciso e agire rapidamente, per non trovarsi sopraffatto dagli eventi, e vittima della relativa reazione politica, anche nel mondo democratico.

Infine c'era il problema più evidente: Biden è stato il presidente più vecchio di sempre, arrivando a ottantadue anni prima della conclusione del suo mandato. Soprattutto nell'ultimo anno della sua presidenza, è sembrato perso o confuso in varie situazioni, oltre al fatto di camminare in modo lento e rigido. Questa immagine ha contribuito alla percezione che non avesse il controllo della situazione, nonostante il grande impatto delle sue azioni politiche dal 2020 in poi. Avrebbe potuto decidere subito di non ricandidarsi, ma era convinto di essere indispensabile – come lo sono, comprensibilmente, tutte le persone che arrivano così in alto – anche per il suo successo nel traghettare il Partito democratico verso una posizione di maggiore incisività su vari fronti. D'altronde pure Donald Trump ha enormi debolezze, dalla confusione concettuale all'egocentrismo che non gli permette di vedere l'interesse nazionale quando entra in conflitto con il suo interesse personale.

È un peccato che i due personaggi abbiano così tanti problemi, perché in realtà questi presidenti poco amati hanno prodotto un cambiamento epocale nella storia del Paese. Adesso andiamo a tirare le somme dell'impatto delle loro presidenze tra il 2016 e il 2024, e a capire perché l'America ora si sta prendendo la rivincita rispetto al periodo di declino precedente. Il mondo farà bene a comprenderlo, per non sottostimare il ruolo che gli Stati Uniti avranno nell'influenzare la politica internazionale nei prossimi decenni.

4.
La svolta «post-globale»

Prese insieme, le politiche attuate da Donald Trump e Joe Biden marcano una nuova fase nella storia americana: una correzione rispetto agli anni della globalizzazione che rappresenta un tentativo di ripristinare il ruolo storico del Paese in termini di sviluppo economico e relazioni internazionali. Le istituzioni americane sono alle prese con una svolta «post-globale», una trasformazione fondamentale dal periodo del declino post-industriale e neoimperiale verso un'epoca di ricostruzione del proprio benessere e influenza globale.

L'impulso per il cambiamento risale al 2008, momento dell'implosione del sistema finanziario basato sulla speculazione. Barack Obama fece timidi tentativi di andare in una nuova direzione, ma non riuscì a svincolarsi dal vecchio sistema. Trump, invece, è stato dirompente: ha contestato apertamente la politica economica ed estera dell'establishment che aveva dominato per oltre quarant'anni. Il suo slogan, «Make America Great Again», ha rappresentato un richiamo per i molti cittadini che si sentivano abbandonati dalle istituzioni del Paese, subendo non solo un declino economico, ma culturale, in cui i valori del lavoro, della comunità, e anche religiosi, finivano sotto attacco da parte di un'élite che rappresentava solo alcune categorie sociali. Da un lato questa élite traeva benefici economici dal nuovo sistema, guadagnando con la finanza e i servizi di alto livello; dall'altro cercava di imporre il proprio modello su tutti gli altri, non solo attraverso le politiche del governo, ma esigendo la conformità a una visione «politicamente corretta» in cui sembrava vietato esprimere una critica del nuovo modello senza essere definiti come reazionari.

La visione MAGA, però, presenta dei problemi evidenti. Intanto presuppone che l'America debba ripristinare un passato in cui la situazione era migliore per molti, ma certamente non per tutti. È facile capire perché gli afroamericani, o anche le donne, possono contestare l'idea di tornare indietro a una società dove avevano meno libertà e opportunità.

E proprio per via del rancore verso l'establishment, MAGA ha assunto una connotazione di divisione sociale, piuttosto che generare uno spirito condiviso per il miglioramento della nazione.

Joe Biden non ha trovato uno slogan altrettanto efficace durante la campagna elettorale del 2020, ma da presidente ha puntato su due idee. La prima è stata «Build Back Better», cioè ricostruire ma meglio, espressione che doveva racchiudere il senso di tutte le sue iniziative legislative. Come abbiamo visto nel capitolo precedente, questo programma è stato spezzato in più parti, e anche lo slogan non è riuscito a catturare l'immaginario del pubblico.

Più interessante è «A Foreign Policy for the Middle Class», che pur non essendo sintetico e orecchiabile indica molto bene il cambiamento nell'approccio governativo. Questa piccola frase racchiude alcuni elementi molto importanti, segnalando l'importanza di cambiare su due fronti, quello interno dove occorre pensare al benessere della classe media, e quello esterno dove le istituzioni del governo devono invertire la tendenza a perseguire obiettivi strategici senza curarsi tanto dei loro effetti sulla popolazione americana. Di base, si è inteso ripensare il concetto di interesse nazionale: non solo mantenere il potere americano nel mondo, e certamente non identificare l'interesse con i profitti delle multinazionali. Piuttosto, tutto va interpretato attraverso i benefici che porta, o non porta, alla «gente normale» negli Stati Uniti, quella classe media e lavoratrice che aveva sofferto gli effetti negativi della crescita della finanza e la perdita dell'industria dagli anni Settanta in poi.

L'amministrazione Biden ha avuto il coraggio di ribellarsi apertamente al mantra del «free trade», il modello del libero scambio considerato intoccabile dalle istituzioni nazionali e internazionali per decenni, l'idea che meno barriere ci sono più l'economia prospererà. In questa visione lo spostamento del lavoro alla ricerca di bassi costi rappresenterebbe un aumento dell'efficienza, i guadagni per le grandi corporation porterebbero benessere grazie agli effetti a cascata per tutta la società.

Ascoltando i rappresentanti del governo USA in questi anni, si capisce che questo modello sta tramontando. Uno degli esempi più espliciti viene da un discorso del consigliere per la sicurezza nazionale, Jake Sullivan, pronunciato nell'aprile del 2023.[7] Parlando della leadership economica

[7] *Remarks by National Security Advisor Jake Sullivan on Renewing American Economic Leadership at the Brookings Institution*, www.whitehouse.gov, 27 aprile 2023.

americana a una conferenza della Brookings Institution, Sullivan ha spiegato che le fondamenta dell'ordine economico guidato dagli Stati Uniti nel secondo dopoguerra hanno mostrato crepe importanti, lasciando indietro molti lavoratori e le loro comunità, concedendo troppo spazio alla finanza, e contando su filiere troppo lunghe e fragili. Ha fatto riferimento al «nuovo Washington consensus», cioè un cambiamento dei principi base neoliberali promossi dagli USA per decenni. Ora il nuovo paradigma – ha affermato Sullivan – sarà basato sulla politica industriale che sfrutta l'investimento pubblico, piuttosto che contare solo sui mercati, e sulla necessità di combattere le disuguaglianze.

Ci sono numerosi altri esempi di dichiarazioni simili, da parte del presidente e di altri rappresentanti importanti della sua amministrazione. Uno viene da Katherine Tai, rappresentante per il Commercio degli Stati Uniti, che al convegno di Davos del 2023 ha affermato che l'America mira a costruire un «nuovo ordine economico globale» incentrato sull'importanza di proteggere i lavoratori. Non sono parole vuote, in quanto dalla sua carica Tai ha combattuto per contrastare «la corsa al ribasso» negli accordi commerciali, «dove si premia lo sfruttamento e gli alti standard vengono abbandonati».

Io ho avuto modo di constatare personalmente il cambiamento nel linguaggio dei funzionari americani. Nel corso di un seminario a Washington nel mese di luglio 2023, ho sentito sottosegretari e rappresentanti di ministeri del governo USA fare riferimento più volte al discorso di Sullivan sulla politica industriale, e insistere sull'importanza dell'intervento pubblico per ripristinare il ruolo guida degli Stati Uniti nei settori della tecnologia digitale, principalmente per non cedere terreno alla Cina in questo campo. Era un evento a porte chiuse, mirato a creare l'occasione per uno scambio onesto di opinioni tra americani ed europei. Ma a differenza di quello che succedeva negli anni di Trump, dove in questi contesti anche i rappresentanti di governo esprimevano forti dubbi sull'affidabilità del proprio presidente, in questo caso il messaggio era chiaro: la politica americana è entrata in una nuova fase, lasciando indietro il modello neoliberale della globalizzazione.

Non significa che l'America è diventata un Paese socialista o comunista. Rimane capitalista, e in questo contesto ci sono aspetti importanti da affrontare per invertire la trasformazione in senso neoliberale. Il ruolo sproporzionato della finanza, la precarietà del lavoro, l'insufficienza dello stato sociale:

sono problemi che richiederebbero un programma aggressivo di dimensioni paragonabili a quanto fatto negli anni Trenta con il New Deal di Roosevelt. A oggi si sta solo cominciando, ma su questi punti e altri ci sono segnali chiari di una nuova direzione: dagli interventi del Tesoro per gli investimenti, a misure per aumentare i salari e dare più potere contrattuale ai lavoratori e i tentativi di introdurre nuove misure per il welfare e la sanità. Su alcuni di questi elementi si registra l'opposizione dei soliti repubblicani e centristi (seppur molto meno ora) che osteggiano la spesa pubblica, ma c'è una tendenza generale che difficilmente cambierà nei prossimi anni, a causa delle macro-dinamiche che costringono gli Stati Uniti a ripensare le proprie politiche se vogliono evitare un rapido declino.

I tre driver principali del cambiamento post-globale sono: 1) la reazione «populista» agli effetti negativi della globalizzazione; 2) la dimostrazione durante la pandemia che un'economia che dipende dalla produzione altrove lascia il Paese in una situazione di pericolosa precarietà; 3) la competizione con la Cina, che rischia di superare gli Stati Uniti a livello economico e tecnologico. Questi fattori hanno convinto le istituzioni americane che il mondo è cambiato. Quello che sembrava scontato in passato, cioè che gli USA potessero perseguire i propri interessi attraverso una politica di libero scambio e finanziarizzazione a livello internazionale, ora rappresenta una minaccia al benessere della nazione, in quanto ha creato delle vulnerabilità rese fin troppo evidenti dalle crisi di questi ultimi anni. Per fortuna, l'America ha tutti gli strumenti per reagire e cambiare strada. La crisi non solo indebolisce gli interessi che remano contro, ma fa superare l'impedimento ideologico, la difficoltà di ripudiare i principi radicati nel sistema politico, accademico e istituzionale, e di contraddire quanto si predicava internamente e soprattutto esternamente da molto tempo. Ma ormai gli argini di resistenza sono rotti. Donald Trump li ha aggrediti con un bulldozer, e Joe Biden ha cominciato a costruire una nuova struttura. Vediamo come.

Il protezionismo

La prima bomba lanciata da Donald Trump sono stati i dazi. È cominciata così una guerra commerciale principalmente rivolta alla Cina, ma con effetti per tutti i Paesi che scambiano beni con gli Stati Uniti. Nel gennaio 2018 l'amministrazione americana ha cominciato ad applicare dazi su prodotti provenienti dalla Cina come le lavatrici e i pannelli solari. Successivamente li ha applicati sull'acciaio e sull'alluminio, ma non solo nei confronti della Cina: le misure hanno colpito il Messico e il Canada, nonostante il patto di libero scambio con questi Paesi, e anche l'Unione europea. In molti casi ci sono state ritorsioni, e una serie di scontri che l'amministrazione Trump ha affrontato principalmente attraverso negoziati bilaterali, marcando un cambiamento di fase rispetto ai grandi accordi commerciali e alla gestione dei rapporti nel contesto dell'Organizzazione Mondiale del Commercio.

Lo scopo dei dazi, secondo Trump, era di proteggere l'industria americana, cioè di facilitare l'aumento della produzione e quindi dei posti di lavoro negli Stati Uniti. Numerosi studi dimostrano che questo non è successo. Per citarne uno autorevole, nel gennaio del 2024 l'economista David Autor, noto per il suo lavoro sui risultati negativi della globalizzazione per i lavoratori americani, ha pubblicato insieme ad altri studiosi una ricerca in cui si analizzano gli effetti della guerra dei dazi di Trump sui relativi settori dell'economia USA.[8] Le

[8] *Help for the Heartland? The Employment and Electoral Effects of the Trump Tariffs in the United States*, National Bureau of Economic

conclusioni non sono buone per chi ha appoggiato le nuove misure protezionistiche: è stato trovato che a livello complessivo i dazi su prodotti esteri non hanno fatto aumentare l'occupazione nei settori coinvolti. Dall'altra parte, le ritorsioni da parte della Cina nel settore agricolo hanno invece avuto un effetto negativo per gli americani.

La spiegazione è relativamente semplice, ma non esattamente in linea con la teoria economica standard che critica le distorsioni provocate da misure protezionistiche. Secondo le obiezioni consuete, i dazi sono di fatto una tassa che viene trasferita al consumatore, introducendo elementi di inefficienza che danneggiano la crescita economica. Lo studio in questione, però, sottolinea un punto importante: la mancata efficacia delle misure introdotte durante l'amministrazione Trump dipende in particolare dall'inabilità dell'economia americana di attivare nuova capacità produttiva. Cioè, per produrre più beni, occorre avere delle fabbriche in grado di aumentare rapidamente l'attività industriale. Nel corso degli anni della deindustrializzazione, invece, gli Stati Uniti hanno perso capacità,

Research, gennaio 2024.

sia sul lato degli impianti attivi, sia in termini di lavoratori qualificati.

La lezione che l'amministrazione Biden ha tratto da questa situazione non è che i dazi siano inutili o dannosi. Piuttosto, ha deciso che serve un approccio più ampio per poter promuovere le industrie considerate essenziali per la ripresa degli Stati Uniti. Infatti Biden ha mantenuto i dazi attuati da Trump, e nel mese di maggio 2024 li ha anche aumentati su numerosi prodotti cinesi, tra cui le auto elettriche, i semiconduttori, le batterie, e i prodotti sanitari. Più importante, però, è la serie di misure di politica industriale attuate dal governo americano negli ultimi anni. Proteggere i settori industriali dalla competizione a basso costo è una cosa, ma non è sufficiente senza degli incentivi per facilitare nuovi investimenti, compresa la costruzione di nuovi impianti. Su questo fronte, Biden si è mosso in modo ben più ampio rispetto a Trump, impostando una politica su più fronti che potrà provocare un boom industriale in alcuni settori considerati chiave per competere a livello internazionale.

Dell'«Inflation Reduction Act» abbiamo già parlato. Prevede oltre 250 miliardi di dollari per le cosiddette energie pulite, quasi 50 miliardi per la manifattura avanzata, e 23 miliardi per il trasporto pubblico e i veicoli elettrici. Sono soldi forniti tramite contributi a fondo perduto, incentivi fiscali, e garanzie sui prestiti. Come detto sopra, ci vorrà tempo per vedere gli effetti: non si può rilanciare la produzione premendo un interruttore, ma i fondi ci sono quindi il processo è stato messo in moto. Anche la legge sulle infrastrutture ha degli elementi protezionistici, quali il potenziamento delle previsioni «Buy America», che impongono l'utilizzo di fornitori americani nei progetti autostradali, ferroviari e nel trasporto pubblico locale. È un altro aspetto che piace poco agli alleati internazionali, in quanto esclude le imprese estere che non hanno una sede negli USA, ma dopo decenni di dipendenza dai mercati esteri, è diventato inevitabile il ritorno a casa, per contrastare il modello liberista che affermava l'irrilevanza del luogo di produzione, purché si riuscisse a ottenere prezzi vantaggiosi. Questa idea globalista ormai è tramontata: importa dove si lavora e dove si produce, in quanto l'attività economica ha effetti che vanno ben oltre il prezzo, influenzando non solo la qualità del lavoro nei relativi territori ma anche tutto l'indotto e la possibilità di garantire la continuità in momenti di difficoltà.

L'altra gamba importante di questa politica industriale è presente nel «CHIPS and Science Act» varato nel 2022. Questa legge fornisce oltre 50 miliardi di dollari per la ricerca e la manifattura dei semiconduttori negli Stati Uniti, con l'obiettivo di recuperare la leadership del Paese in questo settore cruciale della nuova economia digitale. Ci sono anche 174 miliardi di dollari per la ricerca pubblica nella scienza e nella tecnologia, tra settori come lo spazio, i computer quantistici, le biotecnologie e altro. Per capire l'importanza di questi programmi basta considerare il lavoro di un'agenzia particolare della Difesa americana, DARPA (Defense Advanced Research Projects Agency). Questa agenzia, oggi coinvolta negli sforzi per sviluppare le tecnologie più avanzate nel settore dei semiconduttori, ha una storia particolare: da decenni lavora sui progetti più ambiziosi e strani che si possano immaginare, dai più avanzati missili dell'esercito americano al tentativo – non riuscito – di creare un elefante meccanico da introdurre nelle giungle del Vietnam. Tra i suoi più grandi successi ci sono tecnologie rivoluzionarie come Internet, il GPS, e il mouse per i computer. Se oggi gli Stati Uniti aumentano l'impegno nelle ricerche di questo tipo, chissà cosa potrà uscirne domani, e quali trasformazioni ci aspetteranno nei decenni a venire.

Un elemento interessante dell'approccio della Casa Bianca alla ricostruzione economica degli Stati Uniti di Joe Biden è stata l'attenzione a dove si investe. La campagna populista di Donald Trump ha trovato margini decisivi negli Stati post-industriali del Midwest, proprio dove si sono sentiti di più gli effetti della perdita del lavoro verso il Messico e la Cina a causa della politica liberoscambista della globalizzazione. Questo deterioramento del tessuto produttivo ha avuto un forte impatto sociale, e anche politico. Sentirsi dire che l'economia va bene perché la borsa sale e le multinazionali nel settore tech fanno faville ha solo approfondito il senso di abbandono di molte comunità colpite dall'aumento della disoccupazione e dal relativo degrado sociale.

L'amministrazione Biden ha preso a cuore l'idea che non basta perseguire la crescita economica complessiva, ma che occorrono interventi mirati proprio per quei posti che hanno sofferto di più dagli errori passati. Ha formalizzato un approccio «place-based» che dirige le risorse pubbliche verso nuovi investimenti laddove servono urgentemente. Sono stati autorizzati oltre 80 miliardi di dollari per promuovere centri di innovazione per lo sviluppo di nuove tecnologie. Anche qui, tuttavia, ci si scontra con il problema evidenziato per i dazi: ci vuole tempo per far partire nuovi progetti, e soprattutto nelle zone degradate serve attrarre o formare lavoratori qualificati per tali iniziative. I risultati si cominciano a vedere già in termini di posti di lavoro e di nuove imprese. In ogni caso, anche il successo di questa gamba della nuova politica industriale richiederà tempo, ma sicuramente darà dei frutti se perseguita con decisione.

Le catene di valore

La strategia di ridurre la dipendenza dall'estero e aumentare la cosiddetta «resilienza», cioè la capacità di resistere agli choc evitando filiere industriali troppo lunghe e frammentate, fa parte di un generale ripensamento di come devono funzionare le catene di approvvigionamento. Il modello che si è imposto negli ultimi decenni prevedeva la produzione in Paesi lontani, dove il lavoro costava poco ed era soggetto a regole minime, e poi lo spostamento dei prodotti intermedi o finiti da un capo del globo all'altro. Infatti ben oltre la metà del commercio internazionale, che viaggia sulle grandi navi container, riguarda spostamenti di semilavorati, da una fase di queste catene di valore a un'altra, per poi essere assemblati e completati per il mercato.

Oltre all'evidente inefficienza in termini reali – lo spostamento di beni su lunghe distanze, con i conseguenti danni anche ambientali, solo per sfruttare i costi minori nei Paesi più poveri – si pongono problemi importanti proprio di resilienza: quando manca un pezzo, o un segmento di questa catena viene interrotto per qualsiasi motivo, c'è il rischio che si fermi tutto. È esattamente quanto è successo durante il Covid, quando le navi aspettavano molte settimane prima di essere scaricate, oppure le fabbriche erano ferme. Il risultato era l'interruzione delle forniture di mercato, che da una zona del mondo si faceva sentire rapidamente in Paesi molto lontani.

Decoupling

La Cina, essendo diventata la «fabbrica del mondo» in questi anni con l'enorme espansione della produzione industriale, è stata al centro di questa crisi, da più punti di vista. Durante la pandemia si sono creati gravi colli di bottiglia che hanno frenato il commercio internazionale. Ma gli altri fattori già presentati sopra, come gli effetti sul lavoro nei Paesi occidentali e i grandi salti tecnologici che hanno messo in discussione la leadership dell'Occidente, hanno contribuito alla decisione di cercare di riorganizzare le catene di valore globali. L'amministrazione Biden ha cominciato a parlarne subito, creando una task force per studiare la questione e poi implementando numerosi investimenti nel contesto delle iniziative legislative per espandere la capacità produttiva in settori importanti.

Tutto questo, però, non significa che si stia perseguendo la strategia del cosiddetto «decoupling», cioè il distacco tra l'economia americana e quella cinese. Nei primi anni della presidenza Trump c'erano stati alcuni segnali di ritorno della produzione verso l'Occidente («re-shoring»), ma si è rivelato un fenomeno limitato a pochi settori. Il processo che stiamo vivendo ha due componenti: il primo è appunto la politica industriale che mira a rafforzare e re-internalizzare i settori considerati strategici, come le tecnologie digitali, la sanità e la difesa. Ma non si tratta di una regola assoluta. Piuttosto hanno preso piede altri concetti, dal «de-risking» – parola coniata da Ursula von der Leyen per indicare la riduzione del rischio di interruzione degli approvvigionamenti – al «near-shoring» e «friend-shoring», lo spostamento della produzione in Paesi più amichevoli in termini politici, o vicini ma che comunque permettono dei risparmi grazie a minori costi.

Il risultato di tutto questo è una maggiore sicurezza economica, ma non una riduzione drastica degli scambi commerciali. Le paure che il protezionismo bloccherà il commercio mondiale non sono fondate: ci sono tanti settori dove l'interscambio è così forte da rendere praticamente impossibile uno sganciamento in tempi brevi o medi, e in ogni caso non c'è l'intenzione di rinunciare alle opportunità economiche offerte dai nuovi mercati. La visione di Trump di tagliare fuori la Cina dall'economia americana non è realistica, e nemmeno auspicabile, e lo sa chi lavora nelle istituzioni americane. Rimangono dei punti interrogativi sui rapporti futuri con Pechino e su quanto cercare di limitare la dipendenza dalla produzione di un Paese rivale in termini geopolitici, però è poco probabile una vera fase di isolazionismo economico, per via degli interessi in gioco ma anche dell'impossibilità di ricostituire rapidamente la capacità produttiva persa nello spazio di quarant'anni e più.

Il principio da seguire, dal mio punto di vista, deve essere di produrre dove si vende. È giusto che i benefici del lavoro si sentano nei Paesi in cui si consuma il prodotto del lavoro. Altrimenti si crea lo squilibrio di una società di consumatori senza più il legame con l'identità produttiva. Non è sostenibile in termini politici e sociali, e come abbiamo visto crea anche forti problemi per la sicurezza economica. C'è un ulteriore fattore da considerare: l'ambiente. Quanto ci costa in termini di inquinamento dei mari e dell'aria lo spostamento continuo di enormi navi container in giro per il mondo? Sono state adottate nuove regole sulle emissioni delle navi negli ultimi anni, com'è giusto che sia, ma alla radice c'è il problema più serio: un sistema costruito per sfruttare differenze di costo ignorando i relativi danni sociali e ambientali.

Il Sistema americano

Il ripensamento del modo in cui è organizzata l'economia mondiale contiene elementi nuovi, ma anche principi già consolidati nella storia. L'importanza di evitare un sistema in cui i produttori e i consumatori sono divisi, e così mantenere alto il valore del lavoro e il benessere dei lavoratori, è stata al centro delle riflessioni di alcuni economisti della corrente nota come il «Sistema americano di economia politica», nell'America dell'Ottocento. Allora il protezionismo non era una parolaccia, ma un'arma fondamentale per contrastare l'influenza degli imperi coloniali, principalmente quello britannico da cui ci eravamo (in parte) liberati con la Guerra d'indipendenza tra il 1776 e il 1783. L'obiettivo dei padri fondatori era di costruire una società senza le strutture aristocratiche e classiste esistenti in Europa all'epoca, e per farlo serviva diventare una potenza agro-industriale capace di resistere ai condizionamenti esterni, seppur partecipando al commercio globale, già una realtà in quell'epoca.

Le figure che hanno impostato la direzione della nuova nazione, in aperto contrasto con il sistema inglese del libero scambio propugnato da personaggi come Adam Smith e John Locke, erano Benjamin Franklin e Alexander Hamilton, e successivamente Henry Clay, Henry Carey e Abraham Lincoln. Per quasi tutto il diciannovesimo secolo, questa corrente si batté per utilizzare i poteri dello Stato centrale in modo da facilitare la crescita dell'economia privata, attraverso tre strumenti principali: la protezione, cioè i dazi sui prodotti da oltremare; gli investimenti nelle infrastrutture; e un sistema finanziario pubblico per indirizzare i capitali verso lo sviluppo delle manifatture. Il sistema fu codificato di fatto da Hamilton quando era il segretario al Tesoro nei primi governi della nuova nazione, sotto la presidenza di George Washington.

Quando, periodicamente, tornarono al potere gli oppositori di questa visione, personaggi come Thomas Jefferson e Andrew Jackson che volevano limitare i poteri dello Stato centrale in economia, fu lanciata una campagna politica vigorosa per garantire la ripresa della traiettoria «nazionalista» indicata dalla nascita degli Stati Uniti. Una figura chiave fu Henry Carey, economista e collaboratore di Lincoln, che scrisse un bellissimo libro intitolato *L'armonia degli interessi*. Con lunghe serie di dati e argomentazioni concettuali, Carey dimostrò che il liberismo imposto dal sistema coloniale puntava a mantenere poveri e soggiogati i lavoratori, mentre il protezionismo, che promuoveva la crescita delle manifatture e della produttività in generale, mirava al miglioramento delle qualità materiali e anche culturali dell'essere umano.

Nel seminario che tengo all'ASERI, l'Alta Scuola di Economia e Relazioni Internazionali dell'Università Cattolica del Sacro Cuore a Milano, sottolineo sempre l'incredibile similitudine tra la situazione descritta da Carey oltre centocinquanta anni fa e i problemi generati dalla globalizzazione negli ultimi decenni. Parla dei lavoratori a basso costo che vengono dalla Cina, utilizzati per minare il mercato del lavoro. E nel comparare il sistema coloniale con quello americano afferma che il primo cerca di portare tutto il mondo al livello dell'indù schiavizzato in India, mentre il secondo vuole portarlo al livello del cittadino libero negli Stati Uniti. La sua conclusione è che ci sono solo due scelte: o andremo tutti verso il livello più basso, perché bisogna competere con il lavoratore più povero dall'altra parte del globo, oppure riusciremo a instaurare un sistema che mira a valorizzare gli esseri umani e portare tutti verso uno standard più alto.

Questa visione prese il volo con la presidenza Lincoln, e nonostante alcune battute di arresto nella seconda metà dell'Ottocento, impostò la direzione generale della nazione in modo sufficiente per farla diventare la più potente nel mondo. È stato un percorso irregolare, con problemi interni ed esterni, ma grazie a personaggi incisivi come Franklin Delano Roosevelt e John F. Kennedy nel ventesimo secolo, periodicamente l'impostazione del «Sistema americano» è stata recuperata per tentare di attuare il progresso economico e sociale immaginato dai padri fondatori. Poi, alla fine degli anni Sessanta, la storia ha cominciato a cambiare:

non una semplice deviazione temporanea dai principi fondanti, ma la graduale perdita della conoscenza degli stessi.

Il modello neoliberale, avverso all'intervento pubblico e agli strumenti per proteggere e promuovere le attività produttive, ha preso il sopravvento. Ci sono voluti anni prima che scoppiasse la crisi vera e propria, perché quanto costruito in precedenza era una struttura solida. Nel frattempo il progresso è comunque andato avanti in molti settori, e il Paese è stato in grado in ogni caso di mantenere una posizione forte a causa del suo ruolo internazionale, ma la resa dei conti non poteva tardare molto. E purtroppo la classe politica e accademica non aveva più gli strumenti per affrontare questa sfida, avendo adottato una visione lontana da quella su cui era fondata la nazione.

Per questo ci è voluto un periodo di convulsione politica per cominciare a parlarne. Ci è voluto Donald Trump per rompere il ghiaccio in modo violento, e porre di nuovo sul tavolo dei temi che l'establishment non riusciva a comprendere, in contrasto con la propria storia.

È stato Trump, infatti, a risuscitare il dibattito sul Sistema americano. O, per meglio dire, è stato qualche suo consigliere, che gli ha messo in bocca una citazione di Henry Clay, un gigante del nazionalismo economico nella prima metà dell'Ottocento, tanto da diventare l'idolo di Abraham Lincoln. Il 20 marzo 2017, due mesi dopo l'insediamento alla Casa Bianca, Trump ha parlato del protezionismo come strumento per promuovere le manifatture e costruire l'industria, lamentando l'abbandono del Sistema americano. Il dibattito non si è acceso a livello pubblico, ma era indice di una nuova discussione nel mondo repubblicano, emersa anche con la creazione di un gruppo intitolato «American Compass», che promuove studi ed eventi incentrati esplicitamente sulle figure del Sistema americano, cercando di smuovere i conservatori dalle posizioni iperliberiste radicate dagli anni Settanta in poi.

Anche sul lato democratico si comincia a discutere dell'importanza della politica industriale nel solco del Sistema americano. In questo ambito, però, il riferimento principale è al presidente che ha portato avanti la tradizione quasi cento anni fa, Franklin Delano Roosevelt. È stato Bernie Sanders il primo a chiedere una grande espansione dello stato sociale sul modello del New Deal, insieme al ripristino della regolamentazione su Wall Street. Non ha vinto le elezioni ma ha contribuito al ritorno di Roosevelt come riferimento importante per una parte del mondo democratico, fino all'accelerazione di Biden nella primavera del 2020.

A guardare bene possiamo identificare alcuni elementi chiave del Sistema americano nella svolta post-globale in atto: il protezionismo e gli investimenti pubblici per favorire le manifatture, il potenziamento delle infrastrutture (almeno in parte), e un nuovo approccio alla spesa pubblica. È questo ultimo aspetto che voglio trattare ora, in quanto rappresenta la vera novità di questi anni, e una potenziale rivoluzione negli affari degli Stati moderni, sfidando *in toto* la narrazione dominante degli economisti e delle istituzioni pubbliche di oggi, negli Stati Uniti ma ancora di più in Europa.

Il debito pubblico

Quando si parla dei nuovi grandi investimenti pubblici, la domanda sorge spontanea, soprattutto per chi guarda dall'altra parte dell'Atlantico dove vigono le regole ferree sul bilancio dell'Unione europea: chi paga? Si capisce che nel momento dell'emergenza possano venire sospese le regole, ma poi qualcuno dovrà ripagare tutti questi soldi, vero?

No. In realtà nessuno ripaga il debito pubblico, e non ce n'è nemmeno bisogno. Uno Stato sovrano è in grado di generare tutte le risorse finanziarie di cui ha bisogno, perché i soldi non vengono dalle rocce, dai cittadini, e tantomeno dai cinesi. Sono creati semplicemente al computer, «stampati» virtualmente dalle banche centrali e forniti al sistema finanziario attraverso il governo o le banche, con il solo limite di come vengono impiegati: se creano squilibri come l'inflazione e le bolle speculative, allora bisogna limitare o cambiare la modalità di utilizzo e di investimento. Se invece mancano le risorse per far girare l'economia al servizio dei cittadini, vanno aumentati dirigendoli verso gli impieghi più utili e produttivi.

È stata l'adozione di questo approccio, nei fatti ma non esplicitamente, che ha permesso agli Stati Uniti di spendere recentemente una quantità enorme di soldi: tremila miliardi di dollari nella prima fase della risposta alla pandemia sotto Trump, il 14% del PIL americano, e poi altri quattromila miliardi circa con Biden, per un totale di quasi il 30% del PIL. Cifre enormi da qualsiasi punto di vista, in grado di fare impazzire i fautori della responsabilità di bilancio. Eppure, all'inizio almeno, nessuno si è chiesto da dove venivano i soldi per finanziare le obbligazioni dello Stato, che andavano ad aumentare il deficit e il debito pubblico in modo repentino. I titoli venivano assorbiti dal mercato senza problemi, grazie in parte alla credibilità del Paese che genera fiducia negli investitori; ma più importante è stato l'intervento diretto della banca centrale, la Federal Reserve, che ha rapidamente raddoppiato i titoli di Stato sul proprio bilancio, fornendo liquidità allo Stato americano senza alcun corrispettivo. Il governo tiene conto della quantità del debito, ma per la Fed sono soldi virtuali, da creare o distruggere al computer in base alle necessità pratiche. Non esiste nemmeno il costo degli interessi, in quanto – fatto poco conosciuto – alla fine dell'anno la banca centrale rende quei pagamenti allo Stato, annullando di fatto il prezzo dell'operazione.

Questo meccanismo si chiama «monetizzazione» del debito, cioè l'emissione di nuovi soldi per coprire i titoli venduti dallo Stato. Non tutti vengono acquistati dalla Fed, in quanto esiste un ampio mercato pubblico per i titoli di Stato. Li comprano le banche, i fondi pensione, gli individui che vogliono investire i propri risparmi, e anche i Paesi stranieri. Ma non si pensi che dipendiamo dalla Cina, favola raccontata per troppi anni: in realtà sul debito totale i Paesi stranieri detengono circa il 24%, con la Cina a meno del 3% (870 miliardi).[9] Il Giappone ne detiene di più, oltre mille miliardi, mentre il 40% è in mano allo stesso Stato americano, tramite la Federal Reserve e altri enti governativi. Se oltre alla Fed consideriamo gli enti locali e i fondi pensionistici pubblici, vediamo che una grande fetta del debito pubblico rappresenta semplicemente una «partita di giro» in cui diversi rami delle istituzioni governative passano il debito tra di loro.

Le risorse di questi enti serviranno per gli obblighi futuri verso i cittadini, e i titoli di Stato rappresentano principalmente un luogo sicuro per parcheggiare i soldi, contando sulla stabilità dello Stato americano. Perché è lo Stato che li garantisce, e lo fa attraverso la sua banca centrale, che aggiusta la quantità di moneta presente nell'economia con l'acquisto e la vendita di titoli pubblici, con operazioni direttamente nei confronti del governo oppure sui mercati e nei rapporti con le banche commerciali.

Quando si sente dire che i nostri figli dovranno «ripagare» il debito pubblico, è falso. Non lo af-

[9] Kimberly Amadeo, *Who Owns the US National Debt?*, in «The Balance», aggiornato al gennaio 2023.

fermo io, ma è semplicemente la realtà dei fatti. Sono sessantasei anni di fila che il debito americano aumenta in termini assoluti. Sarebbe difficile sostenere che questa zavorra – oggi a oltre trentaquattromila miliardi di dollari – abbia danneggiato la crescita economica. Piuttosto gli investimenti, come quelli nel programma spaziale a iniziare dagli anni Sessanta, hanno fornito un grande stimolo per l'economia in generale, pur non essendo mai stati ripagati. Nell'ultimo secolo ci sono stati pochissimi anni in cui il debito totale è calato, principalmente subito dopo la Seconda guerra mondiale. Durante la risposta governativa alla Grande Depressione negli anni Trenta, invece, iniziò un aumento repentino: il debito raddoppiò tra il 1933 e il 1941. Poi durante la guerra quintuplicò in appena quattro anni. Non solo non ha distrutto l'economia e la credibilità del Paese; piuttosto è avvenuto il contrario, in quanto gli USA hanno creato l'economia più forte del mondo, senza la quale sarebbe stato impossibile vincere la guerra.

Comprendere come funziona il debito pubblico può essere sconvolgente per chi ha studiato economia in questi anni. Sentiamo dire costantemente il contrario, cioè che il debito fa male e peserà sui nostri figli in futuro. L'intero impianto economico dell'Unione europea è basato sull'idea di evitare il deficit e ridurre il debito pubblico. Infatti, quando ho discusso la questione con ben due ministri dell'Economia italiani, hanno entrambi espresso grandi preoccupazioni, considerando pericolosa l'idea della monetizzazione. Il motivo è evidente: per un Paese come l'Italia, che non controlla la propria moneta, il meccanismo sembra impossibile. Ma anche la risposta dovrebbe essere evidente: la BCE dovrebbe agire come una banca centrale vera, finanziando il debito degli Stati come fanno la Fed e altre. Non vale l'obiezione pigra che l'America lo può fare perché è potente. L'Europa ha tutta la capacità finanziaria e soprattutto industriale per essere credibile con un'operazione del genere. È solo l'opposizione ideologica e politica che blocca un cambiamento in questo senso.

Tra l'altro, durante la pandemia la BCE ha cominciato a intervenire sui mercati del debito – comprando da altri, perché il suo statuto le impedisce di acquistare i titoli direttamente dai governi – per evitare l'aumento dei tassi, come il famoso spread nei confronti dell'Italia. Si è dunque dimostrato che era possibile farlo, ma poco dopo è scattato il riflesso monetarista/liberista nella classe politica ed economica: la paura di dover trovare i soldi per ripagare il debito.

Anche negli Stati Uniti, in realtà, non manca l'opposizione a questo nuovo corso. Nelle primarie repubblicane del 2024, tutti i repubblicani tranne Donald Trump hanno agitato lo spauracchio del debito pubblico in continuazione. Ipotizzando la fine del mondo, personaggi come Nikki Haley hanno chiesto tagli alle pensioni e allo stato sociale per ripristinare la sostenibilità dei conti. Non è una sorpresa che non sia riuscita a consolidare il sostegno della base del partito: il fatto che Trump si rifiuti di tagliare pensioni e sanità, ma che gli altri repubblicani continuino imperterriti sulla strada della «fiscal responsibility», dimostra ancora una volta l'incapacità dell'establishment di rendersi conto di quanto è lontano dalle esigenze della gente normale. Rimane da vedere cosa faranno i repubblicani in futuro, cioè se la fase populista seppellirà il paradigma liberista, oppure se alla prima occasione si rifugeranno nella vecchia ideologia. Per quanto riguarda la spesa sociale, purtroppo, è ipotizzabile un ritorno all'austerità. Tuttavia, i rischi evidenziati dalla pandemia e la sfida geopolitica con la Cina rendono improbabile un'interruzione della nuova politica industriale iniziata da Trump e consolidata da Biden, a prescindere da chi sarà al potere nei prossimi anni.

Che lezione trarre dalla nuova politica americana?

L'idea della spesa pubblica tratteggiata nel paragrafo precedente merita a mio parere qualche pagina in più, perché non è ovviamente un tema solo americano. La mia non è tanto una teoria, quanto una descrizione di come funziona in realtà la creazione di moneta in uno Stato moderno, che però contrasta drammaticamente con la versione che viene propugnata dagli economisti e i politici di oggi. Per dirla in breve: il debito pubblico è solo un numero. Non ha alcuna importanza assoluta nell'economia, in quanto i soldi sono un'invenzione degli Stati, non qualcosa con un valore intrinseco che appare in natura.

Le banche centrali creano e distruggono la moneta, e se operano nel modo giusto, possono fornire agli Stati tutti i soldi che servono per affrontare le loro esigenze. I governi non devono cercare l'oro nel West o su Marte, ma semplicemente utilizzare i meccanismi già disponibili per immettere risorse nell'economia quando servono. Si fa attraverso il finanziamento dei titoli di Stato, e attraverso le operazioni di mercato fornendo liquidità alle banche. Va bene permettere ai privati di comprare i titoli, generando un elemento di partecipazione e stabilità del sistema, ma quando servono soldi per ripagare questi titoli se ne creano di nuovi al computer.

In questo senso il debito è solo una voce della contabilità degli Stati, oppure delle banche centrali, che dovrebbero lavorare a favore di questi ultimi (ma non sempre lo fanno). Bisogna sapere quante risorse si immettono nell'economia, e aggiustarle in base alle necessità reali delle attività. Quando il governo spende, i soldi vanno nell'economia e creano ricchezza. Se invece si ritirano i soldi, per esempio attraverso le tasse, i cittadini avranno meno da spendere. Da questo punto di vista deficit e debito non sono un peso, ma una necessità per aumentare l'attività economica. E «ripagarli» avrebbe solo l'effetto di impoverire la gente.

Naturalmente ci sono dei fattori che condizionano questo processo. Il primo è l'inflazione, un vincolo reale perché è il risultato di una crescita monetaria superiore al valore effettivo dell'economia. La soluzione, però, è chiara: la moneta che si crea deve essere indirizzata a scopi produttivi, per esempio industria e infrastrutture. In questo modo aumenta anche la ricchezza effettiva. In caso contrario si creano aumenti dei prezzi, e anche bolle speculative, quando la finanza viene slegata dall'economia reale. Lo abbiamo visto più volte dagli anni Ottanta in poi.

Dunque i limiti sulla creazione di moneta sono di natura fisica: deve contribuire alla crescita dell'economia reale, altrimenti genera bolle, disuguaglianze e inflazione. Lo Stato ha diverse armi a disposizione per regolare questo processo, compresi i tassi d'interesse, gestiti attraverso la banca centrale, e le imposte. Non è un'idea nuova, ma fu citata già nel 1946 dall'allora direttore della Federal Reserve Beardsley Ruml, quando disse che le tasse non servono per ottenere maggiori entrate (lo si dica ai politici di oggi!). Piuttosto servono per indirizzare le risorse nella direzione giusta, e per evitare le disuguaglianze.

Ci sono anche oggi economisti che capiscono il problema, e che spiegano in termini chiari il funzionamento della moneta. Ho avuto modo di discutere la questione con Stephanie Kelton, l'esponente più in vista della cosiddetta Modern Monetary Theory. E anche con James Kenneth Galbraith, che ha concordato con il mio approccio, dicendo che il debito pubblico è solo una questione contabile, finché si ha il controllo della propria moneta.

Questa nuova visione della spesa pubblica vuole rimuovere la scusa della mancanza di risorse che viene accampata oggi quando si parla di come affrontare i problemi dell'economia e della società. Pensare in questi termini permetterebbe di ragionare su come meglio spendere i soldi senza dover per forza, nello stesso tempo, danneggiare qualcuno in un gioco a somma zero. Non sostengo, però, che basta avere i soldi per risolvere ogni problema. È fin troppo vero, in Italia in particolare, che le risorse pubbliche spesso ci sono ma vengono spese male. Con la burocrazia poco efficiente, e un sistema giudiziario non in grado di gestire il tasso di litigiosità nel Paese, che contribuisce alla mancanza di fiducia a livello economico, ci sono problemi che vanno affrontati in termini organizzativi, non solo finanziari. È comunque indubbio che anche la risoluzione di problemi di questo tipo richiederà soldi; e che togliere risorse per inseguire i parametri dei trattati europei può avere effetti negativi molto diretti per la popolazione. Va quindi bandita la scusa che non abbiamo i soldi, e che ogni investimento di oggi dovrà essere ripagato dai nostri figli in futuro.

La resistenza a questa concezione permane, negli Stati Uniti e ancora di più in Europa. Tuttavia, è innegabile che, a livello complessivo, ci troviamo in un mondo nuovo: il paradigma neoliberale e globalista che si basava sul mercato deregolamentato, sulla ricerca dei bassi costi, sul predominio della finanza e sulla convenienza della delocalizzazione è in via di rapida estinzione. È un cambiamento inevitabile, accelerato dalle crisi scoppiate negli ultimi anni, e che ci permetterà di affrontare una fase di competizione tra grandi potenze strettamente connessa alla solidità reale delle nostre economie. Se siamo arrivati a questo punto lo dobbiamo anche a Donald Trump e Joe Biden, due presidenti che hanno seguito un percorso simile per molti aspetti, nonostante le enormi differenze nei loro modi di governare, e nonostante l'immagine negativa con cui sono arrivati entrambi alla campagna elettorale del 2024.

Sono Trump e Biden i politici che più hanno rappresentato il cambiamento in atto, ma sono anche legati a una serie di divisioni politiche e culturali che frenano la comprensione del processo in corso. Pochi capiscono, o sono disposti ad ammettere, il filo conduttore che negli ultimi anni ci ha portato verso questa trasformazione. Si preferisce piuttosto litigare su altri temi, cercare un vantaggio politico grazie alla polarizzazione, dividere la società in gruppi contrastanti per il perseguimento degli obiettivi di parte. È questo fenomeno che mette in dubbio la buona riuscita della svolta post-globale, e la tenuta dell'America stessa.

Parte II

Le divisioni sociali

5.
Il ritorno delle «culture wars»

La vittoria della nuova concezione economica che mira a correggere gli errori passati e risollevare il Paese di fronte al rischio del proprio declino, ha avuto una conseguenza politica importante: il ritorno delle guerre culturali. I leader dei due partiti hanno capito la necessità di seguire una direzione comune per affrontare le nuove sfide globali, partendo dalla ricostruzione della capacità produttiva e tecnologica degli Stati Uniti. Questo significa, però, che i margini per la polemica politica sui temi economici e anche di politica estera si sono assottigliati.

La risposta populista a decenni di difficoltà per la classe media, come anche il fallimento delle guerre nel Medio Oriente allargato, hanno reso più difficile sostenere le politiche del passato responsabili della situazione venutasi a creare. Alcuni repubblicani ci hanno provato lo stesso, invocando tagli alla spesa pubblica e uno scontro globale contro le dittature, ma la loro incapacità di scalfire Donald Trump nelle primarie del 2024 ha dimostrato che il bel gioco dei vecchi tempi, di far ingoiare alla popolazione misure impopolari senza spiegare i loro veri effetti, non funziona più. Ora, a sinistra come a destra, occorre combattere gli effetti nefasti della deindustrializzazione e della precarietà, e dilaga lo scetticismo in merito ai conflitti internazionali. Sono problemi di ampio respiro e affrontarli richiederà tempo, anche se il Paese comincia a fare progressi. È più facile, invece, scontrarsi sui temi culturali, facendo appello all'impostazione ideologica degli elettori.

L'acuirsi della contrapposizione su questo fronte era prevedibile, e infatti lo avevo identificato più volte nei miei interventi sui media dopo l'arrivo di Biden alla Casa Bianca. Per distinguersi dall'avversario politico, si fa presto a tracciare la linea di contrasto laddove le posizioni ideologiche sono più lontane. Così, dicevo che avremmo visto il ritorno in grande stile delle polemiche su temi come l'aborto e i diritti degli omosessuali, il razzismo e la discriminazione, e l'identità stessa degli Stati Uniti d'America. In essenza, la nuova direzione post-globale sui temi economici e strategici più importanti ha spinto i partiti politici a concentrarsi su argomenti di altro tipo.

Da una parte, questo riflette una vittoria importante: per troppo tempo, prima della crisi scoppiata nel 2008, il dibattito era incentrato su questioni secondarie e superficiali. E per anni non si è parlato della tempesta in arrivo a causa delle trasformazioni fondamentali in atto. Le forze politiche raccontavano vere e proprie falsità, per esempio delineando un grande boom economico mentre in realtà guadagnavano solo alcuni e si approfondivano le disuguaglianze. Preferivano concentrarsi su questioni di genere, stile di vita ed etnia. Problemi importanti, ma piuttosto che cercare un terreno comune, gli schieramenti politici miravano a esacerbare i contrasti, sfruttando le divisioni per il proprio tornaconto. Negli anni, il Paese reale ha fatto progressi sostanziali anche su questi temi, ma il processo più ampio di declino economico ha aggravato le difficoltà di gestione della discussione in questi campi, spingendo le persone a cercare motivazioni facili per spiegare quello che veniva percepito come un declino anche morale e culturale della società.

Dunque l'aspetto positivo, ovvero aver affrontato i problemi fondamentali provocati dalla globalizzazione negli anni di Trump e Biden, ha comportato un effetto collaterale, la necessità di demonizzare l'avversario su temi culturali sperando di guadagnare consensi e voti. Lo ha fatto in modo particolare il Partito repubblicano, per un motivo specifico: l'establishment del GOP non concordava con il populismo di Trump, considerando la sua natura anti-liberista e anti-guerra. Era più facile unire il partito con questioni come l'immigrazione, le tasse, e poi tutti quei temi culturali già elencati. Biden è diventato vulnerabile sul fronte economico a causa dell'inflazione, e molti repubblicani lo hanno criticato invocando una linea ancora più dura rispetto alla Cina, ma non c'è nulla come un bel «hot-button issue» – una questione culturale controversa – per agitare la base del partito, creando rabbia e preoccupazione per quello che vorrebbero fare i progressisti, i socialisti, i marxisti, che mancherebbero di rispetto ai principi morali che sottendono la società americana.

Non è che i democratici siano innocenti. Tutt'altro, visto che la vittoria di Trump aveva suscitato l'indignazione di molti americani che non capivano come i loro connazionali potessero appoggiare un personaggio contraddittorio e scurrile come lui. Hillary Clinton l'aveva espresso in modo chiaro parlando di un «branco di miserabili» su cui poteva contare Trump per la metà dei suoi voti. Ancora più arrogante era stato l'agente dell'FBI Peter Strzok, che in alcuni messaggi pubblicati durante un'inchiesta del Congresso, diceva di poter «sentire l'odore» dei sostenitori di Trump nelle zone rurali del Paese. C'era una comprensibile repulsione per chi accettava volentieri la retorica trumpiana sugli immigrati, sulle donne, sui disabili; ma molte persone a sinistra fecero l'errore di associare questo fenomeno politico – che poggiava su un terreno più ampio e profondo di malcontento, come spiegato – a un approccio conservatore generale alla vita e alla politica.

Mi ricordo un viaggio nell'Illinois, da una zona agricola nel Sud dello Stato dove vivono alcuni miei cugini fino alla città di Chicago, per raggiungere mia zia. Dopo aver passato la domenica mattina in chiesa con i parenti, che danno una grande importanza alla religione, ho sentito una discussione alla radio pubblica – NPR, emittente decisamente progressista – in cui uno dei giornalisti ha affermato che «non è facile difendere una visione religiosa» della vita. Ho subito pensato al grande divario fra due identità essenzialmente inconciliabili, in quanto una affermava un impianto morale da seguire, e l'altra considerava questo impianto illegittimo e anacronistico.

Come possono gli americani lavorare verso obiettivi comuni se non riconoscono la legittimità dei principi fondamentali che guidano la vita di alcuni cittadini? L'America è un Paese basato sulla libertà di espressione, che vale in modo quasi assoluto, visto che ognuno ha il diritto di promuovere la propria visione, anche quando sembra assurda oppure offensiva per altri. Basta non minacciare o limitare la libertà altrui, e si può perfino creare una Chiesa di Satana o un partito che si ispira ai nazisti.[10] Questa libertà è sempre stata un punto di forza, con voci diverse in grado di animare un dibattito ricco e fruttuoso, contrastando la tendenza al pensiero unico. Oggi questo modello viene messo in discussione.

C'è la percezione, da entrambe le parti, che l'altra cerchi di imporsi con metodi pericolosi e oppressivi. A sinistra si grida al fascismo, all'intolle-

[10] Esempi reali, tra tantissimi altri di gruppi che esprimono posizioni controverse e anche odiose, sfruttando il diritto di espressione garantito dalla Costituzione americana.

ranza di chi ha una visione conservatrice e mette in dubbio quello che si considera il progresso sui temi dei diritti civili. A destra si denuncia la censura attuata nei grandi media e nel mondo accademico, e anche da parte delle società tech spinte dalla politica a sorvegliare attentamente le piattaforme social. L'effetto di questa contrapposizione è evidente nella polarizzazione politica, ma anche nella difficoltà di interagire per chi proviene da mondi diversi.

Per non dare ragione a Mark Twain, che più di un secolo fa ci aveva avvisati della difficoltà anche solo di parlarne, occorre identificare come questi temi vengono manipolati, e poi chiarire alcuni aspetti storici che riguardano l'identità del Paese. L'obiettivo è di contribuire a una conversazione condivisa, più razionale e intesa a ridurre le divisioni, piuttosto che ad aumentarle.

6.
Dal matrimonio gay ai diritti LGBTQ

C'era una volta la battaglia sul matrimonio gay. Negli anni Novanta e Duemila, il tema era centrale nel dibattito pubblico. Tra le pressioni della propria base e alcune sentenze dei tribunali, il Partito democratico iniziò a promuovere i diritti degli omosessuali. La spinta principale veniva da gruppi di attivisti, mentre i politici mantenevano una certa cautela non volendo perdere sostegno a livello popolare.

Un buon esempio delle contraddizioni emerse in quegli anni viene dalle azioni del presidente Bill Clinton, alla Casa Bianca dal 1993 al 2001. Clinton lavorò per far avanzare i diritti degli omosessuali parlandone pubblicamente, nominando persone gay a posizioni importanti nel governo, e vietando la discriminazione in base all'orientamento sessuale all'interno delle istituzioni pubbliche. Quando arrivò il momento di legiferare, però, Clinton subì le pressioni politiche e finì per mettersi d'accordo con i repubblicani. Per esempio, firmò la legge «Defense of Marriage Act» del 1996, che vietava il matrimonio tra persone dello stesso sesso. Inoltre, durante la sua presidenza le forze armate implementarono la politica «Don't ask, don't tell», in cui i corpi militari accettavano la permanenza degli omosessuali solo se l'orientamento non veniva dichiarato apertamente.

La polemica politica andò avanti per anni, con implicazioni importanti. Il Partito repubblicano, per esempio, utilizzava il tema nelle proprie campagne elettorali per mobilitare gli elettori, nella convinzione che buona parte del Paese continuasse a vedere il matrimonio come solo tra un uomo e una donna. Il culmine arrivò con le elezioni presidenziali del 2004, tra il presidente uscente George W. Bush e lo sfidante John Kerry. Quell'anno, i repubblicani raccolsero le firme per tenere dei referendum in undici Stati per vietare il matrimonio omosessuale. Siccome negli Stati Uniti si vota tutto nello stesso giorno, l'idea era di portare alle urne più cittadini conservatori, spinti da questo tema culturale, e così aumentare il voto per i repubblicani in generale. I referendum furono approvati in tutti gli Stati in cui erano stati presentati, e anche se le analisi post-voto non rilevarono che queste iniziative avessero portato a Bush un beneficio netto, il solo fatto di aver tentato una strategia del genere ci dice molto di come i temi caldi erano visti nel dibattito politico in quel periodo.

Negli anni successivi il clima cominciò a cambiare, in modo particolare con l'arrivo dell'amministrazione Obama. Non che il nuovo presidente fosse pronto ad abbracciare il matrimonio gay a livello pubblico – anzi, era cauto anche lui, evitando di sostenere il «gay marriage» appieno – ma intraprese passi nella direzione di maggiori diritti per gli omosessuali. Uno fu l'abrogazione della politica «Don't ask, don't tell» delle forze armate, nel 2010. Il cambiamento più grande, invece, fu attuato dal suo vicepresidente nel 2012. Durante un'intervista televisiva Joe Biden disse di non aver alcun problema con gli uomini che sposano gli uomini, e le donne che sposano le donne. Dovevano avere tutti gli stessi diritti, e non c'era nient'altro da dire. La dichiarazione esplose come una bomba nel dibattito politico. Era considerata una gaffe da parte di Biden, uno portato a dire spesso cose non pianificate. Fatto sta che dopo pochi giorni anche il presidente Obama cambiò posizione, e da quel momento i democratici abbracciarono senza più esitazioni la questione dei diritti omosessuali.

La situazione cambiò anche a livello giudiziario. Lo spartiacque fu la sentenza Obergefell v. Hodges della Corte Suprema del 2015: stabilì che il quattordicesimo emendamento alla Costituzione imponeva a tutti gli Stati di riconoscere il matrimonio tra persone dello stesso sesso, in base al principio della «protezione uguale» per tutti i cittadini. In questo modo, grazie al fatto che le sentenze della Corte Suprema fanno precedente e diventano legge, la questione fu essenzialmente risolta.

Nel 2022 il tema tornò brevemente sotto i riflettori in quanto il giudice più conservatore della Corte Suprema, l'afroamericano Clarence Thomas, scrisse in un commento che per alcuni temi sociali di questo tipo sarebbe preferibile un atto del Congresso, piuttosto che affidarsi semplicemente alla giurisprudenza. I democratici corsero a fare approvare il «Respect for Marriage Act» del 2022, con il sostegno anche di dodici senatori repubblicani, codificando il diritto al matrimonio non solo omosessuale, ma anche «interrazziale».

In realtà nessuno aveva messo in dubbio l'unione tra persone di diverse razze o etnie, ma siccome era un altro diritto affermato attraverso la giurisprudenza, e non con una legge, l'idea è stata di risolvere tutte le questioni simili una volta per tutte.

A livello sociale, le opinioni sono cambiate nettamente nel corso degli ultimi decenni. Se nel 1996 gli americani a favore del «same-sex marriage» erano il 27%, con il 68% contrario, oggi la situazione è del tutto ribaltata: 71% a favore e 28% contrari.[11] Buona parte delle persone che si opponevano su basi morali hanno accettato la realtà del matrimonio omosessuale, a volte semplicemente perché hanno amici o parenti di questo orientamento. È successo nella mia famiglia, quando un mio zio, dopo decenni di matrimonio con una donna, ha cambiato vita a seguito di un periodo traumatico e ha deciso di unirsi a un uomo. Fu una «scelta» – così la definisce lui, sfidando un po' la visione secondo cui nessuno sceglie di essere omosessuale – malvista da un suo cognato, che inizialmente si rifiutò di venire alla cerimonia. Con un po' di incoraggiamento da parte dei parenti il cognato cambiò idea, riaffermando il suo disappun-

[11] Gallup, *LGBTQ+ Rights*, maggio 2024.

to a livello morale, ma riconoscendo l'importanza in ogni caso di mantenere i legami famigliari. È una situazione abbastanza comune, quella per cui la varietà delle esperienze permette di superare le divisioni, almeno fino a un certo punto.

Certo, un quarto della popolazione che si dichiara contraria non è una percentuale bassa, ma questi cittadini hanno diritto certamente di esprimere le loro opinioni e di rifiutare di contribuire a riti che considerano sbagliati, come riconosciuto anche dai tribunali in caso di gruppi religiosi. Rimane il fatto che a livello complessivo la società si è «evoluta» – parola utilizzata da Barack Obama – sul tema fino al punto che le opinioni contrarie non mettono in discussione il diritto ormai acquisito.

La disponibilità del cognato a mettere da parte la sua contrarietà aveva un limite: ebbe una reazione stizzita quando lo zio tirò fuori le foto per mostrare come lui e il suo fidanzato si erano vestiti alla parata del Pride di Palm Springs, città della California famosa per il grande numero di abitanti di orientamento sessuale non tradizionale. E in realtà, anche altri parenti trovarono che un'esibizione così esuberante di questo tipo fosse un po' troppo. Questo ci porta allo stato della guerra culturale intorno ai temi LGBTQ di oggi, in cui le posizioni sono estremizzate, sia sul lato della promozione sia su quello del contrasto a questo modello culturale. Si arriva fino al punto di proibire i libri, da una parte, oppure di affermare il diritto assoluto di cambiare sesso anche per i bambini, dall'altra. La battaglia sulle questioni gender è al centro del dibattito politico, e come con altre questioni culturali, l'acuirsi dello scontro serve a polarizzare l'elettorato, mentre rende ancora più difficile risolvere i reali problemi pratici.

Ci sono numerosi esempi di come il tema è stato politicizzato negli ultimi anni. Mi concentrerò su tre di essi, che danno il senso del clima di divisione: l'utilizzo dei bagni, lo scontro sui libri, e la controversia sui trattamenti medici per cambiare genere.

Se entri in una scuola superiore americana, o in un'università, puoi spesso trovare un bagno «gender-neutral», cioè non identificato come per maschi o femmine. L'idea è che ci sono ragazzi «non binari», cioè che non si sentono di appartenere a un genere o l'altro, e quindi bisogna aprire a più possibilità. Oltre a essere più «inclusivi» in questo senso, questi bagni rappresentano anche una soluzione al problema di avere maschi biologici che vanno nei bagni delle femmine, oppure viceversa. Su questo tema, la politica si è buttata a pesce pochi anni fa.

Nel 2016 il presidente Obama ha stabilito che le scuole devono permettere a studenti transgender di utilizzare i bagni e gli armadietti del proprio genere scelto, non quello «assegnato alla nascita». I funzionari di alcuni Stati, guidati dal Texas, hanno lanciato una battaglia legale per non dover adempiere alla norma, e il tema è diventato centrale anche nelle campagne elettorali di quegli anni. A parte l'obiezione tecnica, che serviva una legge non una direttiva amministrativa per imporre un tale cambiamento, gli Stati scelsero un ragionamento che ha avuto grande importanza nella storia americana, e che anche oggi – come vedremo in altri casi, come il diritto all'aborto – può svolgere un ruolo centrale nell'acuire le divisioni sociali: la tesi era che il governo centrale non può permettersi di imporre le sue scelte morali ai singoli Stati, che in base al sistema federalista devono essere liberi di stabilire i propri approcci a questioni culturali.

Gli oppositori della regola mettevano in guardia sul pericolo soprattutto per le bambine, esposte al rischio di maschi che volevano entrare nel loro bagno. Le statistiche non indicavano molti casi problematici, ma l'argomento era utile per mobilitare i genitori, che comprensibilmente erano allarmati dagli effetti dell'applicazione di questa nuova teoria sull'ingiustizia di dividere i bambini tra i due generi tradizionali. Così sono scoppiate vere e proprie battaglie politiche sui bagni, con la nascita persino del movimento «free to pee», cioè liberi di fare pipì, e la questione pratica, cioè l'accesso ai servizi dei ragazzi non binari, è stata trasformata in una contrapposizione acuta. «That's America», mi verrebbe da dire, in quanto siamo in grado di creare dei movimenti – a volte anche comici – a sostegno di qualsiasi tipo di istanza personale o politica.

Alla fine il successivo presidente, Donald Trump, ha ritirato la norma; ma in seguito è arrivato Joe Biden a imporne una nuova. Il tira e molla continua, ma è solo uno degli aspetti della battaglia più ampia intorno alla questione gender.

Abbiamo visto conseguenze ancora maggiori, con episodi raccapriccianti da entrambe le parti, nello scontro sui libri con contenuti espliciti nelle scuole e nelle biblioteche. Anche qui, è difficile affermare che una parte abbia ragione e l'altra torto. Sono entrambe capaci di esagerare, e lo fanno proprio per dipingere l'avversario nella luce peggiore possibile.

Il problema ruota intorno alla presenza di libri che parlano di temi sessuali, e specificamente che mirano a introdurre la questione dell'omosessualità e dell'identità transgender fin dagli anni della scuola primaria. Si trovano infatti volumi molto espliciti, che parlano di sesso orale, abusi, masturbazione e incesto, disponibili per i ragazzi appena entrati nella pubertà, o in alcuni casi anche prima. Secondo i loro promotori sono necessari per assicurare l'equità e l'uguaglianza, per non nascondere i temi che alcuni ragazzi devono affrontare personalmente, soprattutto se si sentono diversi in termini di genere.

La reazione dei repubblicani è di vietare questi libri, rimuovendoli dalle biblioteche. Ma non si fermano a quelli più espliciti in termini sessuali, che vengono definiti pornografici: molti attivisti locali puntano a togliere tutto quello che parla delle diversità, e perfino libri che affrontano in modo diretto il razzismo verso gli afroamericani, accozzati insieme ad altri in modo poco serio. E mentre è comprensibile la preoccupazione quando si parla di bambini piccoli, la questione cambia quando si arriva all'età più matura, soprattutto quando i ragazzi diventano maggiorenni. Eppure il movimento per rimuovere libri che presentano situazioni e teorie «scomode» si estende pure alle università, dove invece la discussione dovrebbe proprio affrontare i temi più controversi nella società.

Questo non significa giustificare la pornografia come educativa – in alcuni casi è la definizione adatta per i testi in questione. È giusto che i comitati scolastici locali, come anche gli organi delle università, decidano che tipo di contenuto offrire agli studenti in base agli obiettivi di formazione, ma tra molti c'è una paura enorme di aprire la porta a idee diverse, che possono sfidare la propria visione culturale.

Tra i numerosi casi di leggi varate a livello statale che hanno provocato reazioni politiche e anche boicottaggi, c'è quella promossa dal governatore della Florida Ron DeSantis, ex candidato alle primarie repubblicane del 2024. DeSantis è uno che ha effettivamente scelto di ingaggiare una guerra culturale, profilandosi come un guerriero «anti-woke», pronto a guidare la battaglia contro l'eccesso del politicamente corretto su più fronti. La legge in questione, ufficialmente nominata «Parental Rights in Education Act», del 2022, mirava a limitare la discussione sull'orientamento sessuale e sull'identità di genere nelle scuole, e a garantire il diritto dei genitori di essere informati in merito a eventuali situazioni che riguardassero i propri figli. Le disposizioni più dirette, e controverse, vietano l'insegnamento di questi temi negli anni tra l'asilo e la terza elementare. Francamente, una posizione con cui buona parte dei genitori sarebbe d'accordo, visto che si tratta di bambini tra quattro e otto anni d'età. I democratici, però, hanno reagito bollandola come legge «Don't Say Gay», e numerose associazioni per i diritti civili hanno chiesto il boicottaggio dello Stato. DeSantis non si è tirato indietro, ma ha abbracciato la battaglia, perfino lanciando uno scontro epocale con la Disney, rea di aver criticato il provvedimento. Insomma, piuttosto che condurre una discussione razionale su come regolare il trattamento dei temi difficili nelle scuole, le parti hanno subito colto l'occasione per radicalizzare lo scontro, alla ricerca di un vantaggio politico.

L'ultimo aspetto da esaminare in questo campo è quello dei trattamenti sanitari per chi soffre della cosiddetta disforia di genere, cioè il malessere percepito da un individuo che non si riconosce nel sesso della nascita. Da qualche anno il tema di come gestire i giovani che si sentono diversi è diventato caldissimo, oggetto di forti polemiche, non solo negli Stati Uniti. In America, però, si trovano casi davvero particolari, in cui si capisce come il tentativo di far avanzare i diritti e la tutela delle differenze diventi fortemente ideologico, creando situazioni che rendono inevitabile una reazione contraria e quindi una contrapposizione sociale difficile da gestire.

Due esempi sono utili. Il primo riguarda, di nuovo, i bambini. Nella foga di andare incontro a chiunque si senta diverso/a, alcuni Stati hanno varato regole che permettono di iniziare i trattamenti ormonali e anche chirurgici per i minori senza dover consultare e nemmeno informare i genitori. Per arrivare a questo caso limite, per esempio nello Stato della California, un professionista deve approvare la decisione di non contattare i genitori in quanto «inappropriato» per il minore, che deve avere almeno dodici anni. Non è difficile immaginare casi in cui uno psichiatra convinto dell'importanza di assecondare i sentimenti di un ragazzo possa decidere di non permettere ai genitori di esercitare la loro autorità se sono contrari a un trattamento del genere. Serve davvero arrivare fino a questo punto per rispondere al malessere dei giovani, soprattutto con terapie che sollevano molte domande, anche nella comunità scientifica, se praticate durante l'adolescenza? L'opposizione politica è feroce, e ha gioco facile a dipingere un tale approccio come estremo e foriero di uno sconvolgimento dei capisaldi della famiglia e della società intera.

Un secondo ambito molto controverso è quello dello sport. Se una persona si sente psicologicamente di appartenere a un genere diverso, allora – secondo la posizione progressista – è quel genere che determina come deve collocarsi nella società. Come si sceglie quale bagno utilizzare in base alla propria identità di genere, anche nel mondo dello sport gli individui che hanno fatto «transition» dovrebbero competere in base all'identità di genere, non al genere assegnato. Ovviamente i problemi sorgono immediati, per via delle differenze biologiche tra i sessi. Il caso più famoso è quello di Lia Thomas, nato maschio e praticante il nuoto all'università, prima di intraprendere la terapia ormonale e diventare una donna trans. A questo punto l'Università della Pennsylvania ha permesso che Thomas gareggiasse nella squadra femminile. Non sorprende che, da sessantacinquesimo più veloce tra gli uomini, sia arrivata a primeggiare tra le donne, arrivando anche a vincere il campionato nazionale universitario nelle 500 yard stile libero.

A differenza di quanto è successo con il matrimonio omosessuale, l'opposizione alla partecipazione di atleti transgender nelle squadre dell'identità «corrente», rispetto al genere della nascita, non sta diminuendo negli Stati Uniti; anzi, è aumentata leggermente negli ultimi anni.[12] Anche a livello internazionale la visione «fluida» fatica a prendere piede, visto che il Comitato Olimpico continua a fare i test del sesso per gli atleti. Rimangono dei casi controversi, come quelli delle pugili dell'Algeria e di Taiwan ai Giochi di Parigi del 2024, e nella letteratura scientifica si sollevano dubbi interessanti in merito a casi particolari di «incertezza di genere», persone androgine o con «caratteristiche intersex». È comprensibile la volontà di capire meglio questi casi e anche di evitare la discriminazione nei confronti di alcuni individui. Ma la tendenza recente è stata di utilizzare questi casi molto particolari per giustificare una regola generale che, nella pratica attuale, riguarda soprattutto chi sceglierebbe trattamenti medici per cambiare genere.

[12] Gallup, *More Say Birth Gender Should Dictate Sports Participation*, 12 giugno 2023.

Forse nel tempo la scienza convincerà tutti che non ci sono differenze assolute tra i generi. Per ora, però, spingere questa teoria fino all'estremo sembra provocare l'effetto contrario a quello sperato: si alimenta uno scontro principalmente ideologico, basato su una visione della vita che respinge le norme tradizionali su cui si basa la famiglia. Chi è poco convinto della nuova visione sul genere tende a irrigidirsi, percependo una minaccia ai valori e alla struttura della società.

Come nel caso del matrimonio omosessuale, io sono convinto che la grande maggioranza degli americani sia capace di accettare le differenze degli altri a livello personale. Ormai molti hanno contatti diretti con persone che rappresentano le varie lettere dell'acronimo LGBTQ. La domanda è se sia una buona idea trasformare la già difficile discussione in merito ai diritti e alla discriminazione in una guerra culturale che divide la società a livello politico, vedendo chi la pensa diversamente come una minaccia per il proprio modo di vivere. Finora su questo tema, come su vari altri, i politici sembrano aver deciso che la cosa migliore è di litigare il più possibile, adottando le posizioni più provocatorie dalla propria parte, e sottolineando quelle più estreme degli altri.

7.
L'aborto

Negli ultimi anni il tema culturale che ha più occupato il centro delle battaglie politiche è l'aborto, a causa della decisione della Corte Suprema di rimuovere l'interruzione della gravidanza dai diritti di rango costituzionale, nel 2022. Con la sentenza Dobbs v. Jackson Women's Health Organization, la Corte ha ribaltato l'orientamento sul tema dei tribunali, che vigeva da quasi cinquant'anni, stabilito con la storica sentenza Roe v. Wade del 1973. La battaglia sull'aborto non si era mai spenta, in quanto i gruppi conservatori, di solito religiosi, avevano dato vita al movimento «pro-life» pochi anni dopo la legalizzazione definitiva. Ma l'impressione generale nella popolazione era che ormai il precedente giudiziario fosse solido, anche se i politici democratici continuavano a insistere sul punto ogni volta che si presentava la nomina di un nuovo giudice della Corte Suprema.

È stato proprio il cambiamento della composizione della corte più alta, durante il mandato di Donald Trump, a capovolgere la situazione. Trump ha avuto la possibilità di sostituire ben tre giudici, un'occasione rara, datagli fra l'altro da una manovra parlamentare molto scorretta da parte del capogruppo repubblicano al Senato Mitch McConnell, che si è rifiutato di tenere le udienze per la conferma di un giudice durante l'ultimo anno della presidenza Obama. Trump, nel corso della campagna elettorale del 2016, aveva promesso di scegliere giudici solo tra quelli graditi ai conservatori della Federalist Society. Pur senza averlo detto apertamente durante le audizioni per la conferma da parte del Senato, questi giuristi erano chiaramente pronti a ribaltare la sentenza Roe, e così mettere in discussione il diritto all'aborto, nonostante questo fosse sostenuto dalla maggioranza della popolazione americana.

Negli anni, lo scontro si era radicalizzato. C'erano fondamentalisti da entrambe le parti: non sono mancati episodi di violenza, con l'uccisione di almeno undici persone in cliniche che praticavano l'aborto, principalmente negli anni Novanta. Per alcuni, l'equiparazione dell'aborto all'omicidio significava giustificare la violenza contro chi lo praticava. Non era certamente la posizione dominante tra i conservatori, ma la campagna contro l'interruzione della gravidanza è stata esplicita nel fare appello al punto di vista morale. Dall'altra parte, sono emerse pratiche preoccupanti. Anche queste erano relativamente rare, ma gli antiabortisti denunciavano interventi nell'ultimo trimestre della gravidanza, oppure la tendenza verso la scelta *à la carte* delle caratteristiche del proprio bambino, con le indagini prima della nascita e la prospettiva della manipolazione genetica.

Anche in questo caso si perdeva la visione di insieme: infatti solo l'1% degli aborti avveniva nell'ultima fase della gravidanza, e il 60% delle donne che abortiscono ha già un figlio. Quest'ultima statistica ci aiuta a capire le motivazioni: buona parte delle donne che ricorrono a questa scelta hanno un reddito basso, non sono sposate e sostengono che non riuscirebbero a gestire un nuovo bambino. Una conversazione razionale sul tema cercherebbe di capire come ridurre il numero degli aborti andando ad affrontare le cause.

È riduttivo considerare l'aborto solo un'estensione della contraccezione, oppure come un atto compiuto alla leggera o addirittura per il piacere di eliminare i bambini, come nella narrazione di alcuni oppositori. Le istanze morali di chi vi si oppone vanno rispettate, ma bisogna riconoscere il fatto che vietare del tutto la procedura potrà generare situazioni di pericolo per la salute di chi cercherà comunque di ricorrervi, per non parlare di casi clinici particolari dove c'è un concreto rischio per la madre. Per questi motivi, trovo più comprensibile l'azione di quelle associazioni conservatrici che lavorano per ridurre il numero degli aborti pensando a come rimuovere gli ostacoli economici alla maternità per le donne in condizioni precarie. In una società in cui il lavoro è spesso poco stabile e i servizi d'assistenza all'infanzia costano molto, impegnarsi a migliorare le condizioni di vita delle potenziali madri può generare benefici chiari e riconoscibili da entrambe le parti.

La sentenza Dobbs è stata uno choc di prim'ordine. Nonostante i sospetti, i giudici conservatori non avevano mai annunciato l'intenzione di procedere a un cambiamento netto come quello deciso nel 2022. La decisione non è entrata nel merito della legalità dell'aborto, ma ha stabilito che la valutazione della legittimità o meno della procedura andava rimessa nelle mani dei singoli Stati. Laddove la sentenza Roe aveva specificato che l'aborto rientrava nel «diritto alla privacy» sotto la Costituzione americana, i giudici odierni della Corte hanno rimosso questa protezione costituzionale, aprendo la porta alle restrizioni da parte dei singoli Stati, che non hanno tardato ad arrivare. Si sono mossi subito gli Stati a guida repubblicana, alcuni con divieti quasi totali, altri proibendo la procedura dopo 6 o 12 settimane. Il risultato, di fatto, è di rendere molto difficile l'aborto per le donne in questi Stati, spingendole a viaggiare per raggiungere una clinica in un altro Stato, a ricorrere all'aborto farmacologico, oppure – come nella speranza degli attivisti – a tenere il bambino nonostante le preoccupazioni o anche i rischi per la salute.

In alcuni Stati il numero di aborti (conosciuti) è sceso a praticamente zero, in coerenza con i nuovi divieti; ma stranamente, le statistiche dicono che il numero totale di interruzioni della gravidanza non è diminuito nel primo anno dopo la sentenza Dobbs. La spiegazione sarebbe proprio la possibilità di viaggiare verso uno Stato limitrofo, oppure di usufruire dei farmaci ricevuti per posta.

Quest'ultima pratica è ora nel mirino degli antiabortisti, che puntano a ripristinare una legge del 1873 che vieta la spedizione per via postale di articoli utilizzati per l'aborto.

Le conseguenze di questa decisione per il mondo politico sono state inattese. Mentre i conservatori cantavano vittoria grazie ai decenni di impegno, i progressisti si mobilitavano per organizzare la resistenza popolare. Dopo pochi mesi, nel novembre 2022, si sono tenute le elezioni di medio termine per il rinnovo del Congresso. Smentendo i pronostici e la tendenza storica consolidata di una vittoria netta da parte del partito che non occupa la Casa Bianca, i democratici hanno perso pochi seggi alla Camera e hanno addirittura guadagnato un seggio al Senato. È stato largamente riconosciuto il contributo al successo democratico della campagna sull'aborto, che ha rafforzato la narrazione in merito all'estremismo di molti candidati repubblicani, insieme alla reazione ai tentativi di ribaltare il risultato delle elezioni del 2020 e all'assalto a Capitol Hill. Un altro strumento è stato quello del referendum, con la raccolta delle firme per fare approvare degli emendamenti alle costituzioni statali in grado di tutelare il diritto all'aborto. I risultati sono stati sorprendenti: anche negli Stati fortemente conservatori, come il Kansas e l'Ohio, i referendum sono passati con margini ampi. È diventato evidente che il sostegno maggioritario per il diritto all'aborto è un'arma molto utile per i democratici. Infatti, nelle elezioni del 2024 non solo Kamala Harris e Tim Walz hanno messo il tema dell'aborto in primo piano, ma il partito ha scelto di utilizzare la strategia repubblicana del 2004 all'inverso, proponendo dei referendum sul tema in Stati importanti come l'Arizona e la Florida per aumentare l'affluenza tra gli elettori arrabbiati per i nuovi divieti, e favorire così la loro parte politica.

Chi ha capito subito l'effetto deleterio della sentenza Dobbs per il suo partito è stato Donald Trump. Aveva espresso qualche dubbio sui candidati troppo estremi sul tema già prima del voto del 2022, e successivamente ha cominciato a cercare una posizione più moderata da proporre agli elettori. A un certo punto era trapelato il suo sostegno a una legge nazionale che fissasse il limite a 15 settimane, quindi poco oltre la fine del primo trimestre di gravidanza, un periodo che, come già detto, coprirebbe la stragrande maggioranza degli aborti. Troverebbe, inoltre, il sostegno di buona parte degli americani, in quanto l'opinione pubblica è sì a favore del diritto, ma anche contro l'utilizzo della procedura in casi estremi.

Nel 2024 Trump ha fatto fatica a gestire le polemiche sul punto, a volte rivendicando il suo ruolo nell'aver creato le condizioni per il cambiamento di rotta della Corte Suprema, e a volte criticando come «un terribile errore» i limiti troppo stringenti degli Stati conservatori. Alla fine ha scelto la linea della «devolution»: sono i singoli Stati che devono decidere, senza l'adozione di alcun limite a livello federale, e ha fatto includere questa posizione nella piattaforma ufficiale del partito. È una posizione che contrasta con gli obiettivi dell'ampia fascia dei conservatori cristiani della base repubblicana, dimostrando ancora una volta la differenza di Trump rispetto al partito tradizionale. In questo caso – e non è l'unico – si presenta con una posizione moderata, attenta agli umori dell'opinione pubblica su un tema controverso.

È un approccio che rivela una verità poco compresa su Trump e sugli altri candidati considerati populisti: a differenza dell'impressione data dai media e dalla politica mainstream, spesso i personaggi «estremi» non sono affatto considerati tali da parte degli elettori. Il linguaggio di Trump è sempre stato provocatorio, ma quanto è estremo chiedere il ritorno delle fabbriche e degli investimenti nelle infrastrutture, per esempio? Nel 2016 gli elettori lo vedevano come meno conservatore dei candidati repubblicani precedenti come John McCain e Mitt Romney,[13] e di fatto più moderato a livello complessivo, anche rispetto a Hillary Clinton, grazie alla varietà delle sue posizioni.

Oggi la situazione è sicuramente diversa, in quanto Trump ha abbracciato pienamente il ruolo del martire, cercando il sostegno tra chi crede nei presunti brogli elettorali nel 2020 e nella persecuzione giudiziaria nei suoi confronti. Su alcuni punti ragiona comunque in termini di convenienza politica, pensando a come attrarre segmenti specifici della popolazione con proposte che vanno incontro al disagio degli elettori e sembrano ragionevoli di fronte alle difficoltà della società americana. Questo modera in parte la posizione effettivamente estrema che ha adottato nei confronti delle istituzioni del Paese, allo scopo di salvare sé stesso dalle conseguenze delle sue azioni passate, oggetto di numerosi processi che, questa volta, poggiano su elementi reali, non su teoremi politici come nel caso del Russiagate.

[13] Gallup, *Trump Seen as Less Conservative Than Prior GOP Candidates*, 4 ottobre 2016.

È importante sottolineare, però, l'influenza che Trump riesce ad avere su alcuni gruppi sociali con caratteristiche diverse dai conservatori tradizionali, trascinandoli verso la propria forma di estremismo, la battaglia contro uno Stato definito corrotto e persecutorio. Lo vedremo più avanti con la nuova generazione di cristiani evangelici, più focalizzata sulla lotta politica allo Stato profondo che sulle battaglie culturali degli altri gruppi repubblicani. In un certo senso Trump ha aggiunto un nuovo elemento al miscuglio delle fazioni che abbracciano posizioni estreme e divisive negli Stati Uniti, contribuendo alla maggiore polarizzazione sia direttamente, con i suoi sostenitori più fedeli, sia indirettamente, provocando una forte reazione alla minaccia che molti percepiscono nella sua persona. Nella sostanza, Donald Trump propone posizioni ragionevoli e anche moderate su alcune questioni importanti, dall'economia alla politica estera ai temi sociali come l'aborto – dopo aver capito il potenziale danno politico per sé stesso –, ma il suo modo di agire non contribuisce certamente alla riduzione del livello di conflittualità nel Paese.

8.
Immigrazione

Tra le polemiche che più hanno plasmato il dibattito politico negli ultimi anni, c'è senz'altro quella sull'immigrazione. Gli Stati Uniti hanno un confine sud lungo oltre tremila chilometri, dove arrivano ogni anno milioni di persone da tanti Paesi del mondo, sperando di entrare negli USA in modo legale o anche illegale. Dopo un rapido calo degli arrivi tra il 2000 e il 2010, il numero era rimasto relativamente stabile durante la parte centrale del secondo decennio, ma è stato proprio allora che Donald Trump ha cominciato la sua campagna demagogica contro gli immigrati. Ha utilizzato la proposta del muro con il Messico per puntare i riflettori su un problema che, seppur non grave in termini assoluti, gli era utile per sfruttare il malcontento della popolazione in merito agli effetti economici della globalizzazione. In essenza, la denuncia del pericolo dell'immigrazione era strumentale al messaggio più generale alla classe lavoratrice, che percepiva una minaccia al proprio benessere a causa della perdita del lavoro verso l'estero, e anche la maggiore precarietà a livello interno. Era facile dare la colpa a chi arrivava disperato, pronto a lavorare per poco e così minare il benessere degli americani.

Nella classifica dei temi più importanti della campagna elettorale del 2016, l'immigrazione era al sesto posto; importante, ma dietro a questioni come l'economia, il terrorismo e la sanità. Ha funzionato come «hot-button issue» proprio perché Trump l'ha legata alla narrazione più generale. Sarebbe sbagliato, invece, pensare che gli americani siano in maggioranza xenofobi: in realtà, le rilevazioni storiche dal 1995 fino al 2020 mostrano una sostanziale diminuzione – seppure discontinua – degli americani che dicevano che il numero di immigrati doveva ridursi. Nel 2016 la percentuale era solo al 38%, mentre la maggioranza suggeriva di mantenere lo stesso livello di immigrazione o anche di aumentarla.[14] Quest'ultima posizione si

[14] Gallup, *Immigration*, giugno 2024.

è rafforzata in modo netto dagli anni Novanta in poi, raggiungendo circa il 25% della popolazione nel 2015, per poi salire a oltre il 30% durante gli anni della presidenza Trump.

Allora perché l'immigrazione viene annoverata tra i temi più divisivi della politica americana? Uno dei motivi più evidenti è proprio la retorica trumpiana, in quanto da candidato e poi da presidente non ha esitato a bollare i migranti come criminali, terroristi, e più di recente anche animali e non umani. È evidente che l'utilizzo di termini del genere provoca reazioni forti, offrendo una sorta di legittimazione a quella minoranza che sottoscrive una visione offensiva e attirando l'opposizione decisa di chi è inorridito dalle sue parole. C'è un'altra fetta degli elettori, non piccola, che invece tollera questa retorica, anche se non la userebbe mai direttamente, ma crede che un presidente disposto a spararla grossa almeno potrà ottenere dei risultati.

Un altro motivo della forte polarizzazione è che le strutture pubbliche non sono in grado di gestire l'alto numero di arrivi, che si traduce in molti immigrati irregolari, bloccati in una sorta di limbo legale, con lunghe attese per la decisione sulla richiesta di asilo. Questo porta alla situazione paradossale in cui i migranti puntano primariamente ad attraversare il confine, ma poi si mettono in fila per essere arrestati e portati via dalla polizia di frontiera. La difficoltà nel gestire i flussi di questo tipo ha portato l'amministrazione Trump a istituire politiche dure, per esempio la pratica di «tolleranza zero» con cui si separavano i minori dai loro genitori, tenendoli dentro grandi gabbie (tra l'altro costruite durante il mandato di Obama/Biden in risposta ai flussi ingestibili). Le proteste sono state immediate e perfino la figlia del presidente, Ivanka, lo ha criticato pubblicamente. Il programma più efficace attuato da Trump è stato *Remain in Mexico*, meccanismo con il quale non si permetteva ai migranti di entrare nel Paese nelle more della decisione sulla richiesta di asilo. Dovevano presentare la domanda iniziale al confine, ma potevano essere riportati in Messico per attendere di ottenere un'udienza nei tribunali americani, piuttosto che essere rilasciati nel territorio statunitense.

Entrambe queste pratiche sono state interrotte da Joe Biden quando è arrivato alla Casa Bianca – anche se non subito – allo scopo di dimostrare un approccio più umano da parte della sua amministrazione. Il risultato è stato che, con la nuova presidenza, di fatto i migranti si sono sentiti incoraggiati nell'intraprendere il viaggio verso gli Stati Uniti, pensando che il volto più umano avrebbe aumentato la possibilità di entrare nel Paese. Dal 2019 il numero di arrivi aveva già ripreso a salire; è poi esploso dal 2021 in poi. I corpi di polizia deputati a gestire questi flussi sono stati sopraffatti, incapaci di trovare strutture sufficienti per la detenzione temporanea dei migranti e senza il personale né per affrontare gli arrivi nell'immediato, né per adempiere agli obblighi legali in termini di udienze in tribunale. Ci sono anche ritardi significativi nel rilascio di permessi di lavoro, diritto che matura dopo centocinquanta giorni per chi ha fatto domanda di asilo.

L'incapacità di gestire la situazione ha riportato l'immigrazione al centro del dibattito pubblico, dopo che era scesa nella classifica delle preoccupazioni degli elettori nel 2020. Da problema principalmente sentito dalle comunità di confine, il fenomeno si è allargato, provocando una risposta anche in luoghi lontani. In parte, questo è successo perché i governatori repubblicani degli Stati di confine, come il Texas e la Florida, hanno deciso di intraprendere azioni dimostrative, spedendo numerosi migranti via aereo e pullman nelle città del Nord del Paese amministrate dai democratici, e perfino nell'isola esclusiva di Martha's Vineyard vicino alla costa del Massachusetts, rifugio storico dei ricchi e della famiglia Kennedy. In questo modo i governatori Greg Abbott e Ron DeSantis hanno voluto sfidare la narrazione della sinistra democratica che ha criticato fortemente il trattamento duro dei migranti al confine, dicendo: se li volete così tanto, prendeteli.

Le città in questione hanno una designazione speciale: «sanctuary cities». Sono comuni che adottano politiche favorevoli ai migranti, vietando alla polizia locale o ai funzionari comunali di interrogare le persone in merito alla loro posizione legale, e rifiutandosi di collaborare con le richieste delle autorità nazionali di detenere o allontanare i migranti. Le azioni per contrastare le politiche anti-immigrazione si sono allargate in modo particolare dopo le misure dure prese da Trump. È nato perfino un movimento politico con il nome «Abolish ICE», cioè abolire la Immigration and Customs Enforcement, l'agenzia federale deputata a «proteggere gli Stati Uniti dalla criminalità transfrontaliera e dall'immigrazione che minaccia la sicurezza nazionale e la sicurezza pubblica». L'appello in questa direzione è iniziato con alcuni candidati democratici per il Congresso, e successivamente è stato adottato da vari progressisti, dalla giovane deputata Alexandria Ocasio-Cortez nella sua prima campagna elettorale a New York, fino ai big progressisti poco dopo, Bernie Sanders ed Elizabeth Warren.

Così la scena è stata preparata bene per l'estremizzazione del dibattito: da una parte chi voleva bloccare tutti gli arrivi, e dall'altra una ribellione aperta all'autorità federale, portata avanti da chi mira a eliminare le forze dell'ordine responsabili di fare rispettare la legge. In questo contesto i riflettori sono stati puntati sulle posizioni più estreme, alimentando un clima di sfiducia e rendendo ancora più difficile trovare una soluzione ragionevole. Non che si fosse vicini a un compromesso a livello legislativo: sono decenni che si parla della necessità di stabilire un percorso verso la cittadinanza per gli oltre dieci milioni di immigrati illegali negli Stati Uniti, in cambio di un rafforzamento del confine. Il Congresso ha fallito più volte su questo fronte, creando una situazione in cui il presidente di turno, per poter influire sul tema, agisce cambiando l'interpretazione della legge esistente, oppure emanando ordini esecutivi per prendere misure più forti. Di riflesso, l'altra parte considera azioni simili come pericolose e illegittime, e non appena cambia l'occupante della Casa Bianca, si inverte la rotta con altre misure esecutive. In questo modo la dialettica pubblica ha portato a una maggiore polarizzazione in questi anni, piuttosto che il contrario.

Con il forte aumento degli arrivi iniziato nel 2021, il presidente Biden si è trovato nell'occhio del ciclone, e gradualmente ha cominciato a soffrirne le conseguenze politiche. Perfino nel proprio partito, da parte dei sindaci delle città più aperte ma ora sommerse di immigrati, si è cominciato a chiedere interventi più decisi per rallentare il flusso. Così, con un certo ritardo, nella primavera del 2024 Biden ha proposto un compromesso ai repubblicani: regole più stringenti per i richiedenti asilo, più strutture di detenzione per chi arriva illegalmente, e potenziamento delle procedure per espellere quelli che non hanno diritto di rimanere. In cambio, sarebbe aumentato il livello di immigrazione legale, insieme alla possibilità di lavorare subito per i migranti che superano il primo colloquio in merito all'asilo. Poteva essere un buon primo passo, ma Donald Trump ha capito subito che, politicamente, si trattava di una minaccia per lui. Così, nonostante mesi di lavoro da parte di un gruppo bipartisan di senatori, ha fatto pressioni sui repubblicani per respingere la proposta, che è morta poco dopo. Meglio garantire il proprio tornaconto politico che cominciare a risolvere il problema.

Oltre un milione di stranieri diventano cittadini americani ogni anno. In termini assoluti, il numero di migranti che arriva negli USA è il più alto nel mondo, quindi non si può parlare di un Paese chiuso, oppure che ostacola l'integrazione di chi sceglie di puntare sul sogno americano. Ma il sogno va ben oltre la disponibilità del Paese, in parte per i motivi tecnici che abbiamo visto ora, cioè la difficoltà di gestire i grandi flussi al confine Sud, e in parte per la reazione sociale provocata dal dibattito sempre più polarizzato degli ultimi anni. Resta il fatto che l'America è un «melting pot», un crogiolo di etnie dove da secoli vengono accolti migranti che poi si inseriscono nell'identità nazionale. È possibile diventare americani in tempi rapidi, proprio perché si definisce questa caratteristica in base alla condivisione di certi principi e ideali. La storia del Paese è macchiata da numerosi periodi di razzismo e di intolleranza verso uno o l'altro gruppo, ma il carattere multietnico della società è comunque ben evidente.

Già dagli albori della nazione i benefici economici dell'immigrazione erano chiari. Nell'Ottocento si reclutavano artigiani dall'Europa, per esempio, allo scopo di favorire la crescita produttiva in alcune zone del Paese. Servivano agricoltori per l'espansione all'Ovest, e operai per la costruzione delle ferrovie. Alcuni gruppi erano favoriti – come quelli dell'Europa settentrionale – e altri erano sfruttati – come i «coolies» dalla Cina – ma è fuori di dubbio che senza l'apporto di nuove popolazioni da altrove nel mondo il Paese non avrebbe potuto seguire l'arco dello sviluppo economico che lo ha portato a diventare così forte nel ventesimo secolo.

Oggi, ci sono alcuni settori con un bisogno riconosciuto di lavoratori dall'estero, o perché hanno capacità particolari, come nel caso degli ingegneri informatici dall'India, o perché svolgono mansioni pesanti che sono poco ambite da parte di chi è già nel Paese da tanto tempo: l'esempio ovvio sono gli ispanici nel settore dell'agricoltura. Nel suo utilizzo del tema per motivi politici, Donald Trump ha convinto molti americani che l'immigrazione è una minaccia al loro tenore di vita. Cioè, l'arrivo di persone disperate, disposte a lavorare per poco, porta a un'applicazione brutale delle leggi del mercato, in cui i salari si riducono e quindi tutti scivolano verso il basso. C'è una parte di verità in questa versione, in quanto molte grandi società hanno per anni sfruttato l'abbondanza della forza lavoro per dettare le condizioni, generando precarietà e contrastando la possibilità per i lavoratori di esigere di più. Da questo punto di vista, dire che servono gli immigrati per fare i lavori sporchi è un'argomentazione disonesta: se si offrissero salari e condizioni migliori, tutti sarebbero più portati ad accettare le mansioni più dure. Per quale motivo è accettabile sfruttare i poveracci pensando che sia giustificabile trattarli come se non avessero gli stessi diritti di tutti gli altri?

Negli ultimi anni, però, la situazione è cambiata: dal periodo della pandemia, in particolare, è aumentato il numero di persone che danno le dimissioni, contribuendo a una penuria di lavoratori in vari settori, dovuta ad alcuni fattori strutturali. La «Great Resignation», le dimissioni di massa, con circa cinquanta milioni di individui che hanno lasciato il proprio posto di lavoro nel 2021 e altrettanti nel 2022, rifletteva la ricerca di condizioni migliori e anche di un più soddisfacente equilibrio tra la vita privata e il lavoro. Il numero successivamente è calato, ma il problema dell'avvicendamento del personale rimane, soprattutto nei settori che offrono salari bassi, come gli alberghi e i negozi. Da una parte si tratta di un fenomeno positivo, perché i lavoratori dimostrano la possibilità di migliorare la propria posizione, e le aziende devono competere per attrarli. Il problema, però, sembra andare oltre la questione delle condizioni lavorative, in quanto ci sono numerosi settori dove il fenomeno crea dei problemi seri per la società: tra questi ci sono la sanità e le cure alle persone, l'istruzione, alcune parti dell'edilizia, e anche le forze dell'ordine. Nelle occupazioni con salari più alti il problema è meno evidente, dimostrando di nuovo l'importanza dell'aspetto economico, ma non è detto che la crescita dei salari attualmente in atto sarà sufficiente a coprire il fabbisogno: infatti il numero di posti di lavoro disponibili risulta più alto del numero di chi cerca un'occupazione. È vero che la partecipazione alla forza lavoro è più bassa del picco storico, e che trattamenti migliori potranno farla salire di nuovo, ma ci sono anche delle tendenze a lungo termine preoccupanti, per gli Stati Uniti come per l'Occidente tutto.

Il tasso di fertilità negli USA ha toccato il suo punto più basso nel 2023, a 1,6 figli per donna. È sempre più alto dei tassi nella maggior parte dell'Europa – l'Italia è a 1,2 circa – ma comunque ben al di sotto del livello necessario per mantenere stabile la popolazione, che è di 2,1 figli per donna. È così da anni nei Paesi occidentali, e la situazione peggiora nel tempo. Anche qui c'entra la questione economica: le statistiche dicono che il numero ideale di figli per una famiglia secondo gli americani è di 2,7, quindi ben oltre il tasso effettivo. Ci sono tanti fattori dietro al gap tra i desideri e la realtà, economici ma anche culturali, compreso un senso di pessimismo tra le generazioni più giovani. A prescindere dalle motivazioni, però, e anche se si lavora per migliorare il tenore di vita, la realtà è che senza l'immigrazione tutti i Paesi occidentali perdono popolazione, generando problemi seri per la possibilità di sostenere le proprie economie negli anni a venire. Ma in realtà la crisi è ancora più ampia: in tutto il mondo solo un continente, l'Africa, è al di sopra del livello di sostituzione, aprendo a scenari futuri molto diversi da quelli a cui ci hanno abituato i media da qualche decennio.

Nonostante tutte le paure su come la specie umana si starebbe espandendo a dismisura, e consumerebbe tutte le risorse del pianeta con esiti disastrosi, la realtà è che secondo i demografi, tra circa cinquant'anni il numero di abitanti sulla

Terra raggiungerà il suo picco. E poi non rimarrà stabile, ma comincerà presto a scendere, mettendo a rischio la possibilità di mantenere una società avanzata. Occorre dunque modificare il punto di vista rispetto alla demografia e anche alla tecnologia: i problemi che si pensava di dover affrontare in questi anni stanno già cambiando. C'è la necessità di contrastare l'invecchiamento della società se vogliamo continuare con il tenore di vita attuale, soprattutto nei servizi. Ma incrementare la natalità è difficile, e richiede tempi lunghi, e aprire i confini a un alto numero di migranti ha conseguenze politiche importanti, oltre a rappresentare in realtà solo un travaso di persone da un'area del mondo all'altra.

Il miglioramento delle condizioni economiche e sociali, allo scopo di incoraggiare più nascite, è d'obbligo. Dall'altra parte, dovremo affidarci a un forte aumento della produttività grazie alla tecnologia. L'intelligenza artificiale, come altre tecnologie all'avanguardia, presenta rischi significativi, ma queste rappresentano anche potenziali soluzioni per incrementare la nostra capacità di produrre quanto ci serve, e di offrire servizi all'altezza delle nostre aspettative. Non è il «lavorare meno, lavorare tutti» che proponeva la sinistra negli anni

Novanta, quanto piuttosto essere meno ma tentare di sopravvivere tutti comunque in modo dignitoso. Ci vorranno molti decenni per invertire il trend delle nascite. Nel frattempo sarà necessario sfruttare al meglio le nuove tecnologie.

La politica non è pronta a discutere la questione dell'immigrazione, o della demografia in questi termini. L'estrema polarizzazione sul tema è il risultato di un miscuglio infiammabile tra precarietà economica, inefficienza delle strutture pubbliche, demagogia da parte dei politici e interessi elettorali dei grandi partiti. Con la crescita del numero di immigrati, e la conseguente incapacità di gestire nel modo corretto i nuovi candidati per la cittadinanza americana, lo scontro politico si è acuito e una discussione razionale del tema sembra ancora lontana. La speranza è sempre che un miglioramento generale delle condizioni di vita permetterà di ridurre le paure e avviare una discussione più fruttuosa; ma l'entità del problema, in questo caso, sembra molto più ampia di quella che il dibattito politico riesca ad affrontare.

9.
Essere «woke» contro il razzismo

La madre di tutte le battaglie culturali negli Stati Uniti è quella del politicamente corretto portato all'estremo, il movimento «woke» che mira a combattere le ingiustizie sistemiche nella società americana. A prima vista, sembra una tendenza positiva, nel senso di migliorare il rispetto tra diversi gruppi sociali, ma risulta decisamente esagerata quando si arriva a censurare idee che non sono considerate in linea con la visione progressista, ledendo la possibilità di esprimere opinioni diverse. Oggi chiunque può offendersi per una parola fuori posto, tra l'altro con criteri che si evolvono rapidamente: i pronomi con cui le persone scelgono di essere chiamate, in base alla propria identità di genere piuttosto che al sesso biologico; il modo giusto di dire che qualcuno è sovrappeso o più basso della media; l'impostazione dei rapporti tra uomini e donne.

È la questione razziale, però, la base del «wokismo»; sebbene la parola ormai venga utilizzata come l'evoluzione della precedente concezione del «politically correct», diventata comune negli anni Novanta con l'intenzione di evitare di offendere certi gruppi della società, il termine «woke» ha una storia precisa che riguarda la discriminazione contro gli afroamericani. Fu utilizzato per la prima volta in una canzone popolare del 1938 che parlava degli «Scottsboro Boys», un gruppo di nove giovani afroamericani accusati ingiustamente di aver stuprato due donne bianche. Il cantante blues Lead Belly avvertì le persone di colore di stare bene attente se andavano in Alabama, come potevano testimoniare questi ragazzi. Infatti «woke» è una versione slang della parola «awake», cioè sveglio, e per traslato «all'erta». Nel tempo il termine è diventato comune tra gli afroamericani come riferimento alla consapevolezza delle questioni sociali e politiche che riguardano la loro comunità.

La fusione con il politicamente corretto è avvenuta negli anni dell'indignazione popolare per il trattamento dei neri da parte della polizia. L'evento che ha provocato l'inizio di questo processo è stata l'uccisione da parte delle forze dell'ordine del giovane Michael Brown nella città di Ferguson, Missouri, nel 2014. Al diciottenne era stato intimato da un poliziotto di spostarsi dalla carreggiata di una strada nel sobborgo di St. Louis, portando a un alterco durante il quale l'agente aveva sparato a Brown sei colpi. L'inchiesta successiva ha dimostrato che Brown era stato coinvolto nella rapina di un negozio, e che successivamente aveva resistito alla polizia. Ma il fatto che fosse disarmato, e che il tutto fosse iniziato solo perché camminava in mezzo alla strada, ha provocato una serie di manifestazioni contro il trattamento razzista degli afroamericani in quel comune. Gli attivisti del gruppo Black Lives Matter hanno cominciato a diffondere la frase «stay woke» per avvertire di stare all'erta rispetto alle tattiche violente della polizia.

La lista di uomini neri uccisi dalle forze dell'ordine in questi anni è lunga, ma soprattutto sono numerosi i video degli episodi di violenza, grazie alla diffusione dei telefoni cellulari e delle «bodycam», videocamere portate sulla divisa dai poliziotti stessi. Da Eric Garner a New York, nel 2014, soffocato mentre ripeteva «Non riesco a respirare», a Walter

Scott nel South Carolina, l'anno successivo, colpito alla schiena da un poliziotto dopo essere stato fermato per un fanale rotto, al caso più famoso di tutti, quello di George Floyd a Minneapolis, Minnesota, nel 2020, ucciso dal poliziotto Derek Chauvin che lo ha tenuto fermo per terra con il ginocchio sul collo per quasi nove minuti. In alcuni casi i poliziotti sono stati condannati per omicidio. L'effetto sull'opinione pubblica è stato di illustrare in modo drammatico una discriminazione costante di cui gli afroamericani erano a conoscenza da sempre, ma che il resto della popolazione tendeva a ignorare.

Il dibattito su questo tema ha cominciato a mettere in luce gli aspetti strutturali del razzismo negli Stati Uniti, vale a dire i meccanismi della società che perpetuano la discriminazione al di là dei casi singoli, e che rendono difficile riuscire ad affermare la giustizia sociale. E la consapevolezza del problema si è estesa oltre la comunità afroamericana. Infatti nelle proteste dopo l'omicidio di George Floyd, oltre la metà dei manifestanti era bianca, e si sono tenute manifestazioni in tutto il Paese, anche in cittadine di Stati rurali con popolazione quasi interamente bianca come il Nebraska e il Wyoming.

Non è la prima volta nella storia americana, ed è un punto importante per contrastare l'idea che il Paese sia diviso su base razziale o etnica. Anche nel movimento dei diritti civili degli anni Sessanta ci fu una grande partecipazione di bianchi, spinti dalla ricerca della giustizia sociale. C'è un esempio nella mia famiglia: nel 1964, mio padre, che viveva vicino a Chicago, decise di partecipare al «Freedom Summer» nel Mississippi, il profondo Sud, per aiutare la campagna di registrazione al voto dei neri. Lo fece due volte, la seconda dopo l'episodio reso famoso dal film *Mississippi Burning* in cui tre giovani come lui, attivisti per i diritti civili, furono uccisi da suprematisti bianchi legati al Ku Klux Klan. Non si trattava di farsi vedere in piazza o di leggere un volantino, ma di mettere in gioco la propria vita per garantire la dignità degli altri.

Nel ventunesimo secolo la situazione è senz'altro migliorata, ma rimane il retaggio della discriminazione e della segregazione nella storia americana, in modi che sono molto tangibili ancora oggi. La disoccupazione è più alta tra gli afroamericani, mentre è più bassa la percentuale di chi va all'università, come lo è il reddito medio delle famiglie nere. La mancanza di opportunità ha le sue origini nella condizione di povertà originaria, e per fortuna ci sono tanti afroamericani che riescono a sfuggirne e costruire una vita migliore. Ma il motivo per cui si parla di razzismo «strutturale» è che numerose leggi e pratiche hanno perpetuato questa condizione per decenni. Un esempio è quello della proprietà delle case, un elemento essenziale per costruire la ricchezza delle famiglie nel corso degli anni. Il grande divario che esiste ancora, con il 72% dei bianchi che è proprietario di casa contro il 44% dei neri,[15] ha le sue radici in una serie di regole che miravano proprio a mantenere questa differenza. Mentre lo Stato federale creava programmi per incoraggiare l'acquisto della casa per i bianchi, l'agenzia pubblica che offriva l'assicurazione per i mutui, la Federal Housing Administration, non lo faceva per i neri. E la Home Owners' Loan Corporation, creata per assistere chi incontrava difficoltà a pagare il mutuo, seguiva la pratica del «redlining»: stendeva delle mappe giudicando la qualità dei quartieri; per quelli «pericolosi», di colore rosso, dove vivevano i neri, veniva limitato l'accesso ai finanziamenti.

Questi sono solo alcuni esempi concreti di come le strutture economiche hanno continuato a danneg-

[15] CNN, *Homeownership gap between Black and White owners is worse now than a decade ago*, 20 febbraio 2024.

giare gli afroamericani, con effetti difficili da combattere ancora oggi. La crescente consapevolezza in merito ha generato nel mondo progressista una volontà di concentrare il dibattito pubblico su questi problemi, per identificarli come la vera fonte delle difficoltà che vivono le minoranze. È importante capire, infatti, che si punta a sradicare meccanismi che vanno ben oltre gli atteggiamenti personali. Gli stessi afroamericani vedono il razzismo strutturale come un problema peggiore di quello individuale.[16] Fondamentale per raggiungere il cambiamento è anche legare la questione della discriminazione ad altri aspetti dell'ingiustizia sociale. Così, come faceva Martin Luther King Jr. in passato, diventa evidente non solo che serve il progresso economico per affrontare la discriminazione, ma anche che diverse parti della società devono lavorare insieme per poter avanzare in modo efficace.

Ci sono stati momenti di grande progresso in questo senso, di unità sociale, che hanno effettivamente segnato una nuova direzione per il Paese, negli anni Sessanta come in tempi più recenti. Purtrop-

[16] Pew Research Center, *Black Americans differ from other U.S. adults over whether individual or structural racism is a bigger problem*, 15 novembre 2022.

po, succede spesso che a un certo punto si attivi una reazione contraria a questi movimenti, quando vengono messi in luce gli aspetti più estremi. Un esempio recente e chiaro riguarda proprio la campagna contro gli eccessi della polizia: a sinistra è nato il movimento «Defund the Police» (simile al movimento Abolish ICE, l'agenzia per l'immigrazione). Si chiede non solo di attuare delle riforme per evitare l'utilizzo delle tattiche violente, passando a un modello di maggiore interazione e cura anche per le difficoltà personali e sociali delle persone che entrano in contatto con le forze dell'ordine. La richiesta di questo movimento è di togliere i finanziamenti e così ridurre o eliminare la presenza pubblica della polizia stessa, da sostituire con una sorta di agenzia di servizi sociali! Qui arriviamo a un bel paradosso: mentre i progressisti bianchi invocano l'abolizione della polizia, una maggioranza degli afroamericani si oppone a questa visione: vuole sì la fine delle violenze, ma teme un peggioramento della sicurezza se si dovessero tagliare i fondi alle forze dell'ordine. In questo senso gli obiettivi del nuovo movimento «woke» spesso entrano in contrasto con le opinioni delle persone che mira a proteggere.

Ci sono, tuttavia, anche dei teorici radicali nel

mondo afroamericano, che promuovono proposte di cambiamento profondo, spesso portate come esempio dalla parte avversa per alimentare lo scontro politico. Un esempio noto è la «Critical Race Theory» (CRT), la teoria critica della razza, movimento intellettuale sviluppatosi nel mondo accademico inizialmente negli anni Settanta e Ottanta, per poi emergere come punto controverso più di recente con il dibattito sul razzismo strutturale. Di base, i proponenti di questa teoria – con idee non sempre uniformi – affermano che il razzismo è sistemico negli Stati Uniti, e quindi dipende dalle leggi e dalle regole, non semplicemente dai pregiudizi degli individui. Fin qui le evidenze sono ampie, come abbiamo visto per esempio nel caso dell'acquisto della casa. Naturalmente si va molto più in profondità riguardo alle regole della società, fino a scovare il razzismo dove molti non lo vedono.

Le polemiche nascono intorno all'idea che anche l'obiettivo di essere «neutrali» sia sbagliato, che in realtà affermare di non vedere il colore della pelle significhi rafforzare le strutture razziste che esistono già. Qui lo scontro diventa inevitabile, e ancora una volta il luogo principale della battaglia è la scuola. È vero che la CRT è una teoria accademica, e in quanto tale non direttamente presente nelle scuole dell'obbligo. Ma ormai il termine viene utilizzato per rappresentare un approccio più generale, politicamente corretto o woke, a come si introduce la questione della discriminazione razziale nell'istruzione. È indubbio che i ragazzi più grandi, delle superiori e dell'università, debbano fare i conti con la storia reale del Paese, e questo comporta studiare la schiavitù e la condizione delle minoranze più in generale. Troppe persone tendono a ignorare gli effetti persistenti delle azioni passate, e questo rappresenta una sfida, per tradurre in pratica i valori di uguaglianza senza ignorare le difficoltà. Già su questo punto è facile litigare: chi ritiene giusto non considerare le differenze viene accusato di voler perpetuare i problemi già esistenti.

È quando si tratta dei ragazzi più piccoli che lo scontro diventa più feroce. In che misura insegnare che esistono le divisioni rischia invece di rafforzarle? Se si dice agli alunni delle elementari che i bianchi sono considerati superiori, e che la società di oggi continua a riflettere questo atteggiamento, quale effetto si avrà su chi ascolta? Si possono addirittura creare differenze dove i bambini non le vedrebbero. È successo quando nel 2020 un insegnante elementare del Connecticut ha organizzato una recita scolastica in cui i bambini assumevano il ruolo di padroni e di schiavi, con tanto di frustate a quelli di colore. L'insegnante è stato sospeso quando la madre di una delle bambine coinvolte – professoressa di psichiatria alla Yale University – si è lamentata che il tentativo di introdurre la «sensibilità culturale» era andato troppo oltre.

Casi del genere hanno offerto ai repubblicani l'occasione per utilizzare la Critical Race Theory come uno spauracchio nel dibattito politico, cosa che hanno fatto subito. Ron DeSantis e altri «guerrieri anti-woke» si sono affrettati a varare leggi mirate a vietare di parlare della presunta superiorità di un gruppo rispetto ad altri, o di accusare le persone di essere intrinsecamente razziste o sessiste semplicemente sulla base dell'appartenenza etnica o di genere. In varie situazioni, l'obiettivo di difendere i ragazzi da un'ideologia divisiva ha svolto un ruolo importante nelle campagne politiche, permettendo ai repubblicani di guadagnare seggi a livello locale. Questo successo ha messo in difficoltà chi lavora per creare una discussione più fruttuosa, piuttosto che adottare una posizione massimalista sapendo che provocherà uno scontro pubblico. Serve sempre lottare per le idee giuste, ma troppo spesso succede che alcuni gruppi generalizzino fino al punto di etichettare un'intera classe di persone, chiudendo le porte al dialogo. Succede quando si attribuisce qualsiasi successo al «white privilege», il privilegio di essere bianco; oppure quando si rifiuta di riconoscere gli sforzi positivi per andare oltre una visione etnica o razziale della società, preferendo invece utilizzare l'identità come arma.

Per concludere sulla questione del «wokismo», nella sua accezione specifica di contrasto ai pregiudizi razziali, spero di aver dimostrato che hanno un po' di ragione entrambi gli schieramenti. Il razzismo strutturale esiste senz'altro, ed è importante che si riconosca la necessità di misure per correggere i torti storici; chi non percepisce i problemi farebbe bene a cercare di mettersi nei panni degli altri. Per contro, esiste anche un modo di affrontare questo problema che tende ad approfondire le divisioni piuttosto che ridurle. Ben vengano i tentativi di esaminare in profondità la questione, ma bisogna stare attenti a non definire le persone in base a un certo gruppo sociale, negando la loro individualità e capacità di cambiare.

10.
Paralleli europei

Viene spontaneo fare un paragone tra gli Stati Uniti e l'Europa in merito alle guerre culturali. Se molti dei temi discussi sopra sono all'ordine del giorno nel dibattito politico americano, sono ben presenti anche dall'altra parte dell'Atlantico, seppur in un contesto storico e sociale diverso. I diritti LGBTQ, l'aborto, il politicamente corretto e soprattutto l'immigrazione hanno un ruolo centrale nel discorso pubblico nei Paesi europei, singolarmente e anche a livello dell'Unione europea.

La prima constatazione è che esiste una parziale similitudine tra il processo che ha portato allo scoppio della conflittualità politica su certi temi negli Stati Uniti e quello in Europa. Abbiamo visto che negli USA la svolta sui grandi temi della globalizzazione, che ha condotto in particolare a una nuova forma di politica industriale che mostra una continuità importante tra l'amministrazione Trump e quella Biden, ha facilitato anche il ritorno delle guerre culturali. I repubblicani, per esempio, hanno scelto di sfruttare argomenti di forte contrasto che possono fare appello ai cittadini che considerano le élite globaliste portatrici di una società senza valori morali.

In Europa, la svolta economica fa più fatica a prendere piede, ma la necessità di una nuova politica industriale, e dell'abbandono delle vecchie regole UE sul bilancio pubblico e la competizione, comincia (faticosamente) a fare breccia nelle istituzioni sovrannazionali. Il fatto è che dal Trattato di Maastricht in poi, i governi nazionali sono stati svuotati delle loro competenze su alcune tematiche molto importanti, soprattutto in campo economico. Di conseguenza, per i partiti politici i margini per proporre dei cambiamenti sostanziali si sono assottigliati parecchio.

Si considerino i temi della stagione «populista» in Italia, cioè quando il Movimento Cinque Stelle e poi la Lega sono cresciuti rapidamente e nel 2018 hanno formato un governo. Quali erano i punti più importanti? *In primis*, una sfida all'Unione europea. Tanto da gettare nel panico le istituzioni permanenti a Roma e anche a Bruxelles. Come dimenticare l'intervento del presidente della Repubblica Sergio Mattarella che pose il veto alla nomina di Paolo Savona a ministro dell'Economia perché quest'ultimo si era permesso di contemplare la possibilità che l'Italia uscisse dall'euro? Gli italiani avevano dato tanti voti a due partiti che facevano una forte critica alla politica di austerità attuata nel nome del Patto di stabilità e crescita e degli altri trattati europei. E seppur si trattasse di atti di natura costituzionale approvati solo dal Parlamento, e non direttamente dagli elettori, il Quirinale aveva deciso che erano intoccabili. Molti italiani sono europeisti, ma i sondaggi ci dicono che il Paese è spaccato nella sua valutazione dell'Unione europea.[17] Nonostante questa divisione, e anche il forte deficit democratico nella creazione dell'architettura europea – descritto nel mio libro *La rivolta degli elettori*[18] –, l'establishment, possiamo dire, ha blindato le scelte di maggiore integrazione fatte in passato.

[17] YouTrend, *Cosa pensano gli italiani dell'Unione europea*, 16 febbraio 2022.
[18] Andrew Spannaus, *La rivolta degli elettori. Il ritorno dello Stato e il futuro dell'Europa*, Mimesis, Sesto San Giovanni 2017.

Quali effetti ha sul dibattito politico? È istruttivo guardare a quanto siano cambiati i partiti considerati anti-sistema negli ultimi anni, per poter avere un posto al tavolo nelle istituzioni. L'esempio più evidente è proprio l'Italia: Matteo Salvini è sempre critico verso l'Unione europea, e il suo partito blocca la ratifica del Meccanismo europeo di stabilità (MES), ma non parla più di uscire dall'euro. Anche sulla Russia Salvini ha dovuto moderarsi. Infatti le pressioni delle cancellerie internazionali sono state fortissime durante la formazione del governo gialloverde nel 2018, per esempio per abbandonare l'appoggio all'annessione russa della Crimea nel 2014. Il capo della Lega è stato al gioco solo in parte, garantendo il sostegno necessario del partito quando si vota in Parlamento, ma mantenendo una retorica provocatoria.

Così Salvini non è mai arrivato alla presidenza del consiglio, come invece è riuscita a fare Giorgia Meloni. La leader di Fratelli d'Italia ha abilmente rassicurato le istituzioni italiane e gli alleati internazionali che le sue posizioni di apertura a Vladimir Putin e contro le sanzioni alla Russia erano roba del passato. E ha dimostrato la sua affidabilità con il sostegno pieno all'Ucraina durante la guerra. Anche sull'Europa, Meloni è cambiata non poco, abbandonando la richiesta di uscire dall'euro e passando alle manovre politiche per aumentare l'influenza dell'Italia a Bruxelles. Ha stretto per quanto possibile i rapporti con Ursula von der Leyen, puntando a una nuova configurazione del potere nell'Unione. Non ha funzionato proprio come pianificato, però, considerando che la maggioranza al Parlamento europeo formata dopo le elezioni del giugno 2024 ha attuato comunque un cordone sanitario nei confronti dei gruppi considerati ancora troppo di destra.

Anche in Francia la destra ha dovuto moderare le sue posizioni sui due grandi temi: la politica economica dell'Unione europea, e il rapporto con la Russia di Putin. Il Rassemblement National di Marine Le Pen è sempre critico verso Bruxelles, ma non invoca più la fine dell'euro e il ritorno al sistema monetario precedente. Al massimo propone una serie di misure che ignorerebbero le regole europee di bilancio, come fa anche il leader di sinistra Jean-Luc Mélenchon, un altro forte critico delle politiche neoliberiste. Così, alle elezioni politiche del 30 giugno 2024 in Francia, i due partiti bollati come estremi sono quelli che hanno proposto l'aumento dei salari, la difesa delle pensioni, e la crescita della spesa sociale in generale. Si nota un chiaro parallelo con le critiche ai trattati commerciali e il rifiuto dell'austerità da parte di Trump e Sanders negli Stati Uniti.

La differenza tra gli USA e l'Europa si vede nel livello di successo di chi ha condotto delle campagne anti-sistema, che fossero formazioni politiche nuove o già presenti storicamente che hanno sfruttato il momento di malcontento per avanzare il loro messaggio populista. Sono stati fermati dall'establishment per quanto riguarda la loro opposizione all'Unione europea e alla politica estera verso la Russia, e dagli elettori laddove hanno mantenuto posizioni estreme su temi culturali.

L'immigrazione è sempre stata al centro delle campagne politiche di questi gruppi di destra in Europa. Dalla Lega e FdI in Italia, a RN in Francia, al Partito per la libertà di Geert Wilders nei Paesi Bassi, i Democratici svedesi in Svezia, e tanti altri. Negli anni Dieci del Duemila sono stati efficaci nel combinare il messaggio economico con quello contro gli immigrati. Salvini ha affermato per anni che gli immigrati rubano il lavoro agli italiani, come hanno detto anche i suoi colleghi di destra in altri Paesi europei. Ho già affrontato in precedenza la sostanza di questa argomentazione, spiegando come lo sfruttamento del lavoro a basso costo dei migranti vada condannato, ma aggiungendo che con il calo demografico in atto serviranno nuovi lavoratori negli anni a venire. Il mercato del lavoro americano è più dinamico di quello italiano, ma è molto simile la difficoltà del sistema burocratico e giudiziario nel gestire i flussi illegali, portando a una situazione in cui i migranti spesso rimangono in uno stato di incertezza, piuttosto che avere la possibilità di integrarsi nella società.

Guardando alla situazione negli Stati Uniti vediamo che anche quando il tasso di disoccupazione è basso, un sistema poco efficiente per gestire l'immigrazione provoca divisioni e polemiche. Non c'è alternativa a un migliore governo del fenomeno, con un lavoro che richiederà fatica e anni di tempo. La questione più spinosa è l'atteggiamento dei cittadini verso altre etnie. Con le culture millenarie dei Paesi europei c'è un più forte senso di identità basata su sangue e suolo. Per molti gli «italiani» sono ancora quelli di una certa discendenza, anche se da qualche anno cresce rapidamente il numero di figli di immigrati recenti, creando una società più mista a livello etnico. Considerando le dinamiche economiche internazionali, e di nuovo il calo demografico, sembra una strada inevitabile, da gestire nel modo migliore possibile piuttosto che sfruttarla per motivi politici contingenti. Ci vorrà ancora tempo, comunque, prima che questa nuova composizione sociale venga accettata da tutti.

Quando si parla dell'Europa sulla stampa americana, c'è una forte attenzione nei media mainstream alle campagne anti-immigrazione dei gruppi di destra, spesso definiti come «fascisti» o con termini simili, comparando il loro atteggiamento con la natura per forza multietnica della società americana. Da una parte si tende a ignorare il legame con il malcontento popolare rispetto alle politiche liberiste e della globalizzazione, creando una caricatura delle figure populiste in Europa che assomiglia all'errore commesso in casa con Donald Trump. Dall'altra, si ammonisce sulla possibilità che emerga una visione simile all'interno degli USA.

Le istituzioni americane sono ormai fortemente progressiste, promuovendo la diversità in tutte le salse, con interruzioni limitate anche negli anni di Trump. Tuttavia, si comincia a intravedere una nuova (o vecchia) direzione tra alcuni esponenti politici. Nel suo discorso alla convention repubblicana del 17 luglio 2024, il candidato vicepresidente JD Vance ha utilizzato un linguaggio che mira a modificare la definizione degli Stati Uniti: ha detto che «L'America non è solo un'idea. È un gruppo di persone con una storia condivisa e un futuro comune». Ha parlato di una «patria» e di persone disposte a morire per essa. Contraddicendo la storia del Paese, ha affermato che «la gente non combatte per delle astrazioni, ma combatte per la propria casa». Il messaggio era che l'America non è per chiunque, ma per «noi». C'è sicuramente qualcosa da dire sull'esperienza condivisa, ma l'ideologia del sangue e del suolo è stata costantemente respinta nella politica statunitense. Che lo abbia detto uno che ha sposato la figlia di immigrati indiani mostra la superficialità di questo atteggiamento, ma in ogni caso è evidente il rischio di una polarizzazione ancora più forte se non si riuscirà a raggiungere un livello maggiore di razionalità sulla questione dell'immigrazione.

L'aborto e i diritti degli individui LGBTQ sono altri temi ben presenti nelle società europee. Sul primo la discussione si è accesa nel 2024 quando la Francia ha inserito il diritto all'interruzione della gravidanza nella propria Costituzione, e poi il Parlamento europeo ha votato per aggiungere il diritto all'aborto nella Carta dei diritti fondamentali dell'Unione europea. Tutti gli Stati membri dovrebbero esprimersi a favore della misura, ma questo sembra poco probabile considerando la presenza di vari governi conservatori. È indubbio che la sentenza della Corte Suprema USA abbia contribuito alla spinta europea per evitare cambiamenti su quello che viene considerato un diritto acquisito. In Europa, solamente Malta non riconosce ufficialmente l'aborto, anche se viene permesso in casi estremi. E ci sono restrizioni in Polonia, come anche misure in altri Paesi che tentano di scoraggiare la pratica, per esempio un periodo di attesa o l'obbligo del «counseling» per fornire un supporto psicologico e valutare il percorso da seguire.

La continuazione della conflittualità sul tema dell'aborto sembra inevitabile, in parte per il motivo spiegato sopra in merito allo svuotamento delle competenze dei governi nazionali su questioni economiche, e l'appiattimento su altre, dove ormai è diventato tabù mettere in discussione il ruolo dell'Europa o la politica estera atlantica. Cosa rimane ai partiti? Litigare su questioni amministrative, certamente, cioè su come allocare le limitate risorse per andare incontro a un gruppo o un altro della società. Ma per distinguersi devono esplicitare il proprio carattere culturale, offrire una visione morale o etica della società. È la conseguenza parallela di quanto è successo negli Stati Uniti: costretti a rigare dritto su alcune questioni fondamentali, trovano più spazio di manovra sui temi culturali, il terreno dove distinguersi di più dagli avversari. Non succede certamente solo a destra. I partiti di centrosinistra ormai si caratterizzano per una forte enfasi sulla questione dei diritti e dell'inclusione, una battaglia dove tracciare una netta differenza ideologica.

La diffusione della cultura woke o politicamente corretta è stata più lenta in Europa che negli USA. Ma la grande attenzione a quanto succede oltreoceano provoca un dibattito robusto sul tema, e soprattutto tra i giovani si diffonde una maggiore volontà di inclusione ed equità. Anche qui, è facile per i partiti politici prendere posizione in merito, generando contrapposizioni ideologiche tra i diversi schieramenti. In alcuni casi si tratta di questioni solo di principio: ho partecipato a una discussione lunga mesi sul linguaggio di genere, che poteva essere risolta con un po' di flessibilità e apertura da entrambe le parti. Più forti sono le conseguenze di un tema come l'identità LGBTQ e l'eventuale transizione da parte di individui che si sentono di occupare il corpo sbagliato. L'Unione europea si erge a difensore dei diritti civili anche in questo caso, mentre è naturale che i governi nazionali seguano posizioni diverse. In un contesto in cui c'è già la percezione di una scarsa partecipazione democratica a livello europeo, forse sarebbe utile condurre un robusto dibattito pubblico piuttosto che imporre una linea dall'alto, anche a rischio di un contrasto infuocato tra le diverse posizioni.

La conflittualità culturale non si può eliminare: un cambiamento in questo campo richiede tempo ed esperienza vissuta da parte dei cittadini. Ma si potrebbe attenuare, evitare che sia il punto centrale su cui i partiti politici si devono distinguere. Riaprire un dibattito più onesto sulla sostanza delle questioni più ampie che determineranno la direzione del nostro mondo nei prossimi decenni sarebbe non solo utile di per sé, ma anche salutare per la società. A guardare gli Stati Uniti, qualcuno potrebbe pensare che questa strada sia proprio da evitare: le divisioni sono arrivate a un punto anche pericoloso in alcuni campi, come vedremo nelle conclusioni di questo libro. Tuttavia, è fondamentale capire che l'America è riuscita a fare qualcosa che è più difficile per l'Europa: una sintesi tra le istanze populiste e le esigenze istituzionali. La presidenza di Donald Trump ha costretto il Paese a scegliere una nuova direzione economica, virando fortemente dal liberismo globalizzato dei decenni precedenti. Gli obiettivi sono di rispondere al malcontento politico, creare un'economia più robusta e resiliente, e tenere il passo della competizione internazionale. Questo cambiamento è stato sì accompagnato da una maggiore conflittualità culturale, ma non è che gli stessi contrasti manchino altrove. L'Europa resiste: è convinta di poter navigare le acque del nuovo mondo post-globale senza dover incorporare le istanze esterne al mainstream, considerando i relativi partiti come troppo pericolosi. Sarebbe saggio fare progressi sui temi di sostanza, piuttosto che intavolare lo scontro principalmente sul terreno culturale.

11.
Tra impero e libertà

Tornando agli Stati Uniti, è importante comprendere a fondo la conflittualità politica per analizzare dove andrà il Paese nei prossimi anni. Significa capire gli ostacoli alla formazione di un livello sufficiente di unità nazionale che possa supportare il processo di correzione degli errori passati, e di ripresa del ruolo positivo del Paese dal punto di vista economico e sociale. Per fare questo, però, occorre anche avere un'idea condivisa della propria storia. Su questo punto, invece, il «wokismo» è sconfinato in revisionismo, mentre giornalisti e analisti applicano una visione ideologica agli eventi storici, con il rischio di snaturare gli ideali dell'America. È a questo pericolo che guarderemo nell'ultimo capitolo di questa sezione, per stabilire meglio l'identità essenziale del Paese, e prevenire i tentativi di ridurre il grande progetto americano all'ennesimo episodio di sfruttamento utilitaristico da parte di un gruppo di oppressori, incoerenti con gli ideali professati.

«*We hold these truths to be self-evident, that all men are created equal, that they are endowed by their Creator with certain unalienable Rights, that among these are Life, Liberty and the pursuit of Happiness.*»

Queste parole, scritte da Thomas Jefferson e Benjamin Franklin nella Dichiarazione d'Indipendenza, fissarono uno standard alto per la nuova nazione: «Riteniamo che queste verità siano evidenti, che tutti gli uomini sono stati creati uguali, che sono dotati dal loro Creatore di certi diritti inalienabili, che tra questi ci sono la Vita, la Libertà e la ricerca della Felicità».

Affermare l'uguaglianza tra tutti gli uomini era più aspirazione che realtà, in quanto vigeva ancora la schiavitù, e comunque i diritti erano principalmente detenuti da chi possedeva delle proprietà, peraltro escludendo quasi del tutto le donne. Se dal punto di vista linguistico molti difendono l'utilizzo della parola «uomo» per riferirsi a tutta l'umanità, nei secoli passati è evidente che implicava anche delle restrizioni pesanti per la maggior parte della società, in America come altrove. In merito alle donne e alle classi popolari, c'erano differenze con altri Paesi occidentali, ma comunque all'interno di un processo di evoluzione relativamente simile a livello complessivo. È sul tema della schiavitù dei neri che si concentrano le accuse principali di ipocrisia ai padri fondatori americani. Per capire la vera natura degli Stati Uniti, bisogna chiarire qualche aspetto storico su questo punto, per poi esaminare la situazione attuale del Paese e guardare verso il futuro.

Ho spiegato nel Capitolo 9 la natura della discriminazione strutturale nella società americana; è ovvio che all'origine di tutto c'è il sistema della schiavitù come introdotta nel diciassettesimo secolo, e in vigore formalmente fino al momento dell'emancipazione nel corso della Guerra civile, nell'anno 1863. Vista da oggi, la nascita della nazione era piena di contraddizioni: una rivoluzione contro la visione oligarchica e coloniale dell'impero britannico, ma fatta solo per una parte della società. Negli studi scolastici e universitari, la linea prevalente è sempre stata che la schiavitù apparteneva principalmente a una parte del Paese, e che molti dei fondatori, nonostante le loro incoerenze personali, contavano sull'estinzione di questo istituto nel tempo. Fu difficile raggiungere l'obiettivo, però, tant'è che ci volle una sanguinosa guerra interna per risolvere la questione. E dopo il conflitto, non passò molto tempo prima che si cristallizzassero pratiche sociali e istituzionali per negare agli afroamericani i diritti che la Costituzione e le leggi federali avevano loro garantito. In essenza, ci siamo aggrappati all'idea di una nazione che puntava a valori altissimi, ma che nella pratica ha fatto molta fatica a realizzarli.

Oggi questa narrazione è stata messa fortemente in discussione, con l'accusa secondo cui in realtà il Paese si reggeva proprio sulla schiavitù come sistema. E che negare questa realtà, considerando il sistema come un elemento residuale e in contraddizione con i veri obiettivi dei padri fondatori, rappresenti un atto di disonestà storica e intellettuale, che di fatto perpetua l'ingiustizia nei confronti delle minoranze nella società attuale. L'espressione più chiara e visibile di questa nuova visione è stata data dal «New York Times Magazine» con il «1619 Project», pubblicato nel 2019 come un'edizione speciale della rivista, e successivamente promosso anche come base di nuovi corsi di studi nelle scuole e nelle università. La tesi principale di questo progetto è che il vero anno di fondazione degli Stati Uniti sarebbe il 1619 – non il 1776 quando fu scritta la Dichiarazione d'Indipendenza – in quanto fu l'anno dell'introduzione dei primi schiavi nel Paese. Con i vari scritti compresi nella rivista, si vuole dimostrare che «il razzismo contro i neri è radicato nel DNA stesso di questo Paese». Per sostenere questa affermazione si arriva perfino a dire che uno dei motivi principali dietro alla ribellione contro la Gran Bretagna era proteggere l'istituzione della schiavitù, e quindi l'indipendenza era «necessaria per garantire che la schiavitù potesse continuare».

Le basi per queste asserzioni sono deboli, da più punti di vista. Intanto, la Gran Bretagna in quegli anni era contraria alla schiavitù solo in modo strumentale; fu proprio l'impero britannico a creare e gestire la tratta degli schiavi nell'America del Nord. C'era sì un importante movimento di opposizione all'interno dell'Inghilterra, principalmente su basi religiose, ma per secoli l'impero ha dimostrato di essere disposto a utilizzare la schiavitù per arricchirsi non solo nel Settecento, ma anche con forme appena celate nelle proprie colonie fino alla metà del ventesimo secolo. Il fatto che un governatore inglese della Virginia avesse offerto la libertà ai neri disposti a combattere per l'impero va visto solo come una tattica del momento. Utilizzare questo episodio per modificare la natura della rivoluzione intera sembra rispondere solo alla volontà di imporre una certa visione ideologica.

Dopo le proteste degli storici, il «New York Times Magazine» ha dovuto correggere il tiro, declassando l'importanza di questo punto che sarebbe vero solo «secondo alcuni». Più importante, però, è esaminare lo scontro che avveniva all'interno delle colonie, e poi della giovane nazione, sul mantenimento della schiavitù. Non solo i documenti in nostro possesso dimostrano che alcuni dei padri fondatori parlavano delle necessità di eliminarla, ma alcuni Stati lo avevano già fatto a suo tempo. Non si tratta solo di quelli al Nord, dove la schiavitù era molto meno diffusa: anche una delle colonie originarie del Sud, la Georgia, fu fondata con il divieto di utilizzare gli schiavi. La giustificazione fu che in questo modo il lavoro sarebbe stato più produttivo, creando più ricchezza reale per gli abitanti. Questa argomentazione fu portata avanti in particolare dalla fazione «nazionalista», quella che caldeggiava la creazione di una società agro-industriale, con l'aggiunta di un forte settore manifatturiero accanto all'agricoltura.

A metà dell'Ottocento, la base economica dell'opposizione alla schiavitù fu riassunta da Henry Carey, collaboratore di Abraham Lincoln, in un libro sulla tratta degli schiavi.[19] Non solo illustrò la brutalità della schiavitù come sistema, ma spiegò che l'obiettivo essenziale per il Paese doveva essere di sfruttare intelligenza e creatività delle persone e aumentarne il valore. Un sistema basato sulla servitù e i bassi costi invece sviliva gli uomini, inibendo la spinta al miglioramento e bloccando l'investimento nella crescita. Così creava non solo un danno morale ma anche uno economico, frenando il futuro sviluppo della nazione.

Per Carey e gli altri esponenti del «Sistema americano» citato nella prima parte di questo libro, la schiavitù non era compatibile con la loro visione degli Stati Uniti, e andava eliminata il prima possibile. Negli Stati del Sud, purtroppo, si seguiva un altro modello economico, quello coloniale che dipendeva dal libero scambio con l'impero e quindi dal basso costo del lavoro e delle materie prime.

[19] Henry Charles Carey, *The Slave Trade, Domestic and Foreign; Why it Exists, and How it May Be Extinguished*, A. Hart, Philadelphia 1853.

Per questo invocavano i «diritti degli Stati» per respingere le misure protezionistiche e pro-crescita del governo federale – fino al punto di tentare la secessione per difendere il loro sistema e «stile di vita».

Ci sono numerosi esempi di come non solo i politici, ma tanti altri membri della giovane società americana, combattessero per eliminare la schiavitù già dai primi anni. Mia madre, Nancy Bradeen Spannaus, ha pubblicato nel 2023 un libro per presentare queste evidenze storiche,[20] in cui si citano i tentativi di abolire questo sistema in più colonie già dal Seicento, e si dà conto dell'ampio movimento religioso e delle numerose associazioni anti-schiavitù formate nel secolo successivo. Non mancano gli scritti e le dichiarazioni di figure storiche per dimostrare la natura del contrasto interno agli Stati Uniti, ma uno dei fatti interessanti è contenuto nella stessa Costituzione. Al momento della fondazione della nazione fu raggiunto un compromesso tra gli Stati del Nord e quelli del Sud, nell'interesse dell'unità per tenere insieme il Paese. La schiavitù avrebbe continuato a esistere, ma la tratta degli schiavi doveva essere abolita

[20] Nancy Bradeen Spannaus, *Defeating Slavery; Hamilton's American System Showed the Way*, Amazon, novembre 2023.

dopo vent'anni dall'entrata in vigore della Costituzione. Non si trattò solo di una vittoria morale per i nordisti, in quanto esattamente vent'anni dopo, nel primo giorno utile del 1808, il Congresso americano varò una legge vietando la tratta degli schiavi, successivamente firmata dal presidente Thomas Jefferson, nonostante lui stesso fosse proprietario di schiavi. La realtà è che pur nelle numerose contraddizioni, già al momento della nascita della nuova nazione c'era un consenso generale nel Paese – come avrebbe affermato Lincoln decenni dopo – che la schiavitù fosse in via d'estinzione. Purtroppo, la strada per arrivare all'abolizione fu tortuosa e sanguinosa, lasciando solchi profondi nella società che permangono ancora oggi, ma possiamo affermare senza dubbio che le parole della Dichiarazione d'Indipendenza non furono vuote, ma intese come un faro da seguire nella crescita degli Stati Uniti d'America.

I nativi americani

Stabilire la buona fede dei principi enunciati come essenziali per la nuova nazione, o perlomeno la chiara intenzione di andare in quella direzione da parte dei padri fondatori, non esclude certamente che molti non si comportassero in linea con quei principi. Delle divisioni intorno alla schiavitù abbiamo parlato, come anche del fatto che la corrente nazionalista del «Sistema americano» considerasse questo sistema non come una fonte di profitto, ma piuttosto come un peso che frenava il pieno sviluppo della società. È da questo punto di vista che possiamo affrontare anche la questione dell'imperialismo, cioè valutare se e fino a che punto gli Stati Uniti siano un impero simile ad altri nella storia.

Occorre considerare i metodi perseguiti per crescere ed espandersi nell'Ottocento, ma soprattutto quelli attuati nel periodo di dominio come la più forte superpotenza mondiale nel ventesimo secolo. È un dibattito non facile, che in realtà richiederebbe un libro a sé, ma sarà importante considerare in modo onesto le azioni degli Stati Uniti a livello internazionale, per aiutare a capire l'identità del Paese stesso, il modo in cui gli americani si vedono rispetto al resto del mondo. Senza uno sforzo di questo tipo, diventa molto comune attribuire agli USA obiettivi che non hanno, oppure semplificare il loro ruolo sulla scena mondiale.

La schiavitù non è l'unica macchia interna nella storia del Paese. A parte questioni riguardanti gruppi di immigrati che in alcuni periodi potevano essere visti con disprezzo o sospetto, c'è un elemento di divisione più essenziale da considerare, quello del trattamento dei nativi americani, anche chiamati gli «indiani d'America». I contatti con i nativi, che contano numerosi gruppi diversi, iniziarono subito con l'arrivo degli europei. Questo è uno dei motivi della controversia intorno alla figura di Cristoforo Colombo, la cui scoperta dell'America («scoperta» dal punto di vista degli europei) portò a pratiche violente, lavori forzati e anche alla vendita dei nativi americani come schiavi. Secondo alcuni studiosi, Colombo non partecipò personalmente alle pratiche peggiori, e fu guidato da una forte convinzione religiosa più che dalla volontà di conquistare ricchezze per la Spagna.[21] I suoi difensori ricordano anche la natura molto violenta della società indigena, con guerre continue, schiavitù e sacrifici umani. In ogni caso, non si può negare che l'arrivo degli europei comportò effetti negativi per i nativi, tra scontri violenti e nuove malattie che provocarono un grande calo della popolazione. Ma occorre comunque capire

[21] Robert Royal, *Five Myths About Columbus*, Knights of Columbus, 9 gennaio 2020.

come si siano sviluppati nel tempo i rapporti tra i coloni americani e le popolazioni indigene. Come spesso succede, la lettura più comune è superficiale, e non tiene conto delle differenze tra diverse fazioni, e diversi periodi, nella vita del Paese.

Un buon esempio viene dalla storia di una delle feste più importanti negli Stati Uniti, il «Thanksgiving». La festa del Ringraziamento nacque quando i primi coloni nel Massachusetts, arrivati con la nave *Mayflower* nel 1620, riuscirono a sopravvivere al primo anno difficilissimo nella nuova terra. Al momento del raccolto, dopo aver comunque perso la metà delle persone che erano arrivate alla colonia di Plymouth, si decise di festeggiare, ringraziando Dio per il successo di chi ce l'aveva fatta, dando il via a una tradizione che nei secoli successivi sarebbe diventata una ricorrenza nazionale. All'inizio delle celebrazioni, i coloni spararono alcuni colpi in aria. A quel punto i membri della tribù Wampanoag, legati ai coloni da un accordo di mutua difesa, corsero in loro aiuto pensando di doverli difendere contro un'altra tribù della zona. Alla fine i Wampanoag rimasero a mangiare, contribuendo alla festa con cacciagione e altri prodotti, visto che erano più loro che i coloni inglesi.

Questo per dimostrare che i rapporti non erano

semplicemente di contrasto, ma ci furono anche periodi di collaborazione, per motivi diversi che vanno appunto dalle alleanze militari ai tentativi di integrare i nativi nella società creata dai nuovi arrivati. Nel 1650 la missione dichiarata dalla carta di Harvard College fu «l'educazione dei giovani inglesi e indiani del Paese». E poco dopo fu creato l'«Indian College» di Harvard, allo scopo di offrire un'istruzione cristiana ai nativi americani. Non fu un grande successo, in quanto solo quattro dei Wampanoag frequentarono la scuola, e soltanto uno si laureò. L'edificio fu smantellato pochi anni dopo, e più avanti qualche nativo studiò al college con gli altri studenti. Ci sono molti motivi per cui i rapporti tra le etnie peggiorarono, a partire dalla resistenza all'evangelizzazione e poi l'occupazione forzata delle terre. È comunque interessante ricordare che in alcuni momenti, i missionari e i responsabili delle colonie seguirono un approccio pratico di negoziazione e interazione con i nativi americani, seppur con un atteggiamento di superiorità che presto avrebbe portato a conseguenze molto negative per gli abitanti indigeni.

Questi ultimi si trovarono spesso coinvolti nei conflitti tra gli europei di diverse nazionalità, nel Nuovo Mondo. Il teatro americano della Guerra dei sette anni tra le principali potenze europee (1756-1763), viene chiamato «French and Indian War» negli Stati Uniti. Questo perché i coloni – ancora considerati inglesi – si trovarono contro i francesi che cercavano di espandere la loro zona d'influenza nell'attuale Ohio, e molte tribù indigene si allearono con loro, sperando di mantenere una maggiore autonomia sotto la protezione francese. Alcune invece aiutarono i coloni inglesi, nella guerra in cui si fece notare il giovane colonnello George Washington, e che diede un impulso importante alla voglia di crescita e di sviluppo della nuova nazione che si stava formando nella mente degli americani.

Successivamente, Washington stesso, come anche Alexander Hamilton, volle trattare i nativi americani come nazioni sovrane che avevano il diritto a essere protette, firmando trattati con numerosi gruppi. Nel corso degli anni, molti coloni non rispettarono questi trattati, però, portando a scontri ripetuti e alla perdita di terre che le tribù dovettero cedere di fronte all'espansione degli americani. Questi scontri spesso furono aizzati da altre nazioni, per esempio gli inglesi nel periodo della Guerra del 1812, facendo dei nativi americani una vittima della battaglia più ampia per la sopravvivenza e la crescita degli Stati Uniti.

Uno degli episodi più gravi fu lo spostamento forzato di circa centoventicinquemila indigeni dagli Stati di Georgia, Tennessee, Alabama, North Carolina e Florida negli anni Trenta dell'Ottocento: furono costretti a migrare verso nuovi territori designati per loro oltre il fiume Mississippi. La marcia è nota come «il Sentiero delle lacrime», l'espulsione forzata che comportò anche la morte di migliaia di nativi americani. In realtà la Corte Suprema dell'epoca, nel 1832, dichiarò illegale l'usurpazione dei loro territori, sia attraverso trattati sia mediante atti di violenza, negando ogni diritto degli Stati Uniti alle loro terre. Il presidente Andrew Jackson, però, rifiutò espressamente di fare rispettare le sentenze della Corte, permettendo agli Stati del Sud di continuare con quello che egli definiva «la rimozione degli indiani», pratica iniziata da lui stesso anni prima quando era un generale dell'esercito.

Il riferimento a Jackson è importante perché ci riporta alla differenza tra le due grandi fazioni nella storia americana dell'Ottocento: i nazionalisti del Sistema americano, e i «democratici-repubblicani» che perseguivano una politica decentrata e basata sulla società rurale, in contrasto con lo sviluppo agro-industriale costruito sulle manifatture e le infrastrutture. Jackson fu uno dei rappresentanti più in vista della seconda fazione, che si opponeva all'intervento pubblico in campo economico.

Riconoscendo la violenza e l'ingiustizia nei confronti dei nativi americani, non deve sorprendere che lo schieramento anti-imperiale che puntava ad aumentare «il valore dell'uomo», come disse Henry Carey, fosse anche quello che garantiva un trattamento più dignitoso ai nativi, in contrasto con la fazione che sosteneva anche le pratiche brutali della schiavitù. I nazionalisti non furono certamente perfetti, ma senz'altro prendevano più sul serio l'idea che tutti gli uomini sono stati creati uguali.

Le colonie imperiali

Il ruolo di superpotenza degli Stati Uniti, assunto nel ventesimo secolo con le guerre mondiali e poi con l'attività internazionale dei decenni successivi, apre alla tentazione di definire il Paese come un impero, paragonandolo ai grandi imperi del passato come quello romano o quello britannico. In realtà l'America non solo nasce in opposizione esplicita agli imperi coloniali, ma non diventa mai simile a essi in termini di espansione territoriale. Si può dibattere sul peso, sull'influenza degli USA come attore dominante nelle vicende mondiali nell'ultimo secolo, ma qualsiasi sia l'interpretazione degli obiettivi politici e strategici del Paese, è chiaro che i metodi utilizzati sono diversi, nonostante l'ampio spazio per criticare gli interventi militari e anche le manipolazioni politiche ed economiche perseguite in tutto il mondo.

Un primo appunto va fatto in merito alla Dottrina Monroe, la politica espressa originariamente dal presidente James Monroe nel 1823, in cui si ammoniscono le potenze europee a non tentare ulteriori imprese coloniali, interventi militari o altri tipi di interferenza nell'emisfero occidentale. In quegli anni, diversi Paesi dell'America Latina erano riusciti a conquistare la propria indipendenza, e il governo USA aveva riconosciuto Stati quali Messico, Argentina, Perù e Colombia. Non si trattò certamente di un riflesso di mire coloniali da parte di Washington: fu invece una dichiarazione anti-imperiale e a difesa della «condizione libera e indipendente» raggiunta rispetto alla colonizzazione delle potenze europee. In quel momento storico, gli Stati Uniti non avevano la capacità militare per intimidire i trasgressori, ma decenni dopo, alla fine della Guerra civile, Lincoln fornì aiuto al patriota messicano Benito Juárez, per rovesciare l'imperatore Massimiliano (della famiglia Asburgo-Lorena, ex governatore generale del Regno Lombardo-Veneto) imposto dalla Francia.

A questo punto l'obiezione consueta riguarda i vari interventi militari nell'America Latina attuati dall'inizio del Novecento. Fu il presidente Theodore Roosevelt (1901-1909) a dichiarare la necessità di fermare i creditori europei che minacciavano azioni armate per riscuotere i debiti dei Paesi latinoamericani. Roosevelt sviluppò il suo «corollario» alla Dottrina Monroe per giustificare interventi nell'America centrale e nei Caraibi: nei casi di atti illeciti, gli Stati Uniti avevano il diritto di agire come una «forza di polizia internazionale». Fu il cugino di Theodore, Franklin Delano Roosevelt, a tornare indietro dalla politica del «grosso bastone» e affermare invece quella del «buon vicinato» basata sul non interventismo e la non interferenza negli affari interni dell'America Latina. Anche questo approccio fu contraddetto nei fatti durante i decenni successivi, ma è chiaro che l'impulso principale della politica americana verso questa zona non era di prenderne il controllo, ma piuttosto di allargare la sfera di protezione rispetto alle vecchie potenze coloniali dell'Europa.

Ci fu, però, un periodo di effettiva espansione territoriale degli Stati Uniti. Iniziò con la Guerra ispano-americana del 1898, scatenata dalle rivolte contro il colonialismo spagnolo a Cuba. Nel trattato firmato con gli spagnoli l'America, oltre a riconoscere l'indipendenza di Cuba sotto la protezione degli USA, ottenne le isole di Porto Rico nei Caraibi, e di Guam nel Pacifico. Fu poi formalizzato l'acquisto delle Filippine per venti milioni di dollari. Nello stesso periodo, Washington aveva annesso le isole Hawaii, un atto giudicato controverso da molti all'interno degli stessi Stati Uniti. In questo periodo emerse la volontà di comportarsi come le altre potenze imperiali, ottenendo il controllo di territori strategici per favorire gli interessi americani. All'interno del Paese nacque anche un movimento di aperta opposizione a questa tendenza. Lo scrittore Mark Twain, già citato in precedenza, fu uno dei volti pubblici della American Anti-Imperialist League, contraria al controllo di altri Paesi in quanto contraddiceva i principi fondanti degli Stati Uniti.

Per fortuna la fase coloniale a Washington non durò a lungo. Con l'arrivo alla Casa Bianca di Franklin D. Roosevelt, oltre alla riformulazione della politica verso l'America Latina, si vide il rigetto di una politica imperiale anche in altre zone del mondo. Un esempio interessante riguarda le Filippine, di fatto l'unica grande «colonia» americana all'estero: dopo decenni di dibattito politico sulla necessità di dare al Paese la propria indipendenza, nel 1934 Roosevelt firmò il «Tydings-McDuffie Act», stabilendo il Commonwealth delle Filippine per dieci anni, dopo i quali sarebbe arrivata la piena indipendenza. La Seconda guerra mondiale complicò le cose, ma il 4 luglio 1946 fu riconosciuta ufficialmente l'indipendenza dell'arcipelago. I motivi erano diversi, dall'opposizione morale al colonialismo alle preoccupazioni per il futuro ruolo dei filippini nella politica americana. Ci furono anche motivi economici, in quanto molti gruppi americani temevano la concorrenza low-cost nel settore dei prodotti agricoli. Rimane il fatto che gli Stati Uniti decisero volontariamente di liberare le Filippine, spinti dalle pressioni interne a porre fine al periodo degli imperi coloniali.

Ci sono ancora dei territori controllati dagli Stati Uniti ma che non hanno gli stessi diritti degli abitanti dei cinquanta Stati che compongono la nazione. Si tratta di Porto Rico e delle Isole Vergini Americane, come anche di alcune isole nell'Oceano Pacifico come Guam, le Isole Marshall e le

Samoa Americane. Esistono diverse categorie di territori, tra «incorporated» e «unincorporated», organizzati e non; si tratta di differenze in merito al grado di applicazione dei diritti sotto la Costituzione USA, e anche della struttura governativa a livello locale. Alcune isole non hanno nemmeno abitanti permanenti, mentre altre hanno i propri organi legislativi e hanno dei rappresentanti – senza diritto di voto – al Congresso USA. La popolazione di questi territori, meno di quattro milioni di individui in totale, oggi tende a rivendicare non l'indipendenza, ma piuttosto una maggiore partecipazione alla vita politica americana. Porto Rico, per esempio, ha votato più volte a favore di diventare il cinquantunesimo Stato del Paese; esiste anche un movimento interno all'America che chiede di ammettere i vari territori come nuovi Stati, per dare più peso ai cittadini che sono già «nationals» o cittadini del Paese, ma senza gli stessi diritti. È una strada in salita, in quanto cambierebbe gli equilibri politici interni, e così questa eventualità viene letta in termini di competizione tra i partiti, come succede con i tanti altri temi che abbiamo trattato in questo libro. Per capire il livello dello scontro, anche la città di Washington D.C. manca di piena rappresentanza politica: è un distretto federale i cui cittadini sono sotto il controllo diretto del Congresso. Il loro deputato alla Camera dei Rappresentanti non ha il diritto di voto.

La Guerra fredda

Nelle discussioni tra i leader alleati durante la Seconda guerra mondiale, Franklin D. Roosevelt fu molto chiaro con i suoi omologhi europei: disse esplicitamente a Winston Churchill, per esempio, che gli Stati Uniti non stavano combattendo la guerra per salvare i loro imperi coloniali. Li considerava anti-democratici e non in linea con gli obiettivi dichiarati di salvare il «mondo libero» dalle dittature, come già dimostrato con il suo approccio all'America Latina e alle Filippine. Secondo il figlio di Roosevelt, il presidente aveva ogni intenzione di esigere lo smantellamento di questi imperi dopo la guerra. Morì troppo presto, però, e il contesto cambiò rapidamente, rimandando di decenni l'appuntamento con la liberazione per le colonie dei Paesi europei. Emerse subito un nuovo scontro, in cui si voleva fare tutto il possibile per limitare l'influenza del grande avversario geopolitico, l'Unione Sovietica. Nel corso della Guerra fredda, gli Stati Uniti si sarebbero fatti sentire in modo pesante in più parti del mondo, cercando di esercitare la propria influenza globale in contrasto con le operazioni di Mosca.

Anche in questo periodo, ci sono stati momenti diversi in base a chi era al potere a Washington. La politica di John F. Kennedy, per esempio, riprendeva l'idea di rafforzare i rapporti con l'America Latina, attraverso il programma «Alliance for Progress». Gli obiettivi erano il maggiore sviluppo economico, l'aumento dell'istruzione e della democrazia, la riforma agraria e una maggiore tassazione sui ricchi. Chiaramente si puntava a contrastare la minaccia dell'allargamento del comunismo, ma non con l'occupazione militare: si trattava di dare il via a investimenti significativi e quindi «vincere» la battaglia con l'Unione Sovietica sul piano della crescita e delle libertà individuali.

Tuttavia, a volte questo imperativo politico portava gli Stati Uniti a intervenire in modo a dir poco scorretto, con pressioni economiche e operazioni di intelligence. Nel corso di tutto il dopoguerra ci sono moltissimi esempi di come l'America abbia manipolato altri Paesi per promuovere i propri interessi, sia politici sia economici. Un trattamento molto interessante, ma anche controverso, di questa storia viene dal libro di John Perkins intitolato *Confessioni di un sicario dell'economia*.[22] Perkins afferma di essere stato assunto da una società di consulenza internazionale americana, grazie all'intervento del National Security Agency (NSA). Racconta come lui e altri facessero pressioni su vari Paesi per convincerli ad accettare prestiti dagli organismi internazionali per poi assegnare i contratti per i relativi lavori alle multinazionali americane. In questo modo – secondo Perkins – si garantiva influenza politica per gli Stati Uniti e anche accesso alle materie prime. Per i Paesi in questione, gli eventuali vantaggi sarebbero andati soprattutto alle élite, e non ai più bisognosi.

La versione semplicistica della politica internazionale direbbe che gli Stati Uniti hanno fatto tutto questo per mantenere la loro forza economica e politica, seguendo l'idea che un popolo, un Paese, può diventare ricco solo se sfrutta gli altri. Questa è una visione del mondo a somma zero, in cui non c'è vera crescita ma solo lo spostamento della ricchezza da una parte all'altra. Ovviamente, non riflette la realtà: oggi, con una popolazione molto maggiore rispetto a due secoli fa, il numero di persone che

[22] John Perkins, *Confessions of an Economic Hitman*, Berret-Koehler Publishers, San Francisco 2004.

stanno bene, che godono di un tenore di vita alto, è aumentato in termini sia assoluti sia percentuali. Perché gli americani e gli europei vivano bene è necessario che i latinoamericani, gli asiatici e gli africani debbano soffrire? No, l'economia non funziona così. È indubbio che ci sia sfruttamento economico: lo abbiamo visto con secoli di colonialismo vero e proprio, e con decenni di manipolazioni del tipo spiegato da Perkins nel suo libro. Ma la realtà è che una politica coloniale non necessariamente fa bene allo sfruttatore, soprattutto nel lungo termine.

Torniamo al concetto della schiavitù, avversata dalla fazione nazionalista nel Settecento e nell'Ottocento. Uomini come Henry Carey affermavano che questo sistema frenava la crescita degli Stati Uniti, perché manteneva basso il valore degli esseri umani e dei prodotti per perpetuare il modello del «libero mercato» imperiale. In questo modo scoraggiava lo sviluppo della forza lavoro, come anche gli investimenti di capitali e la crescita delle manifatture e della tecnologia.

Non si possono negare i benefici a breve termine di avere materie prime a buon mercato e accesso ai mercati esteri per i propri manufatti. La storia degli imperi coloniali, come anche quella dei decenni recenti di globalizzazione, dimostra, tuttavia, che questi benefici hanno un limite. Presto arriva il conto da pagare, che riguarda i costi meno evidenti di un sistema di sfruttamento.

L'Occidente ha perso la leadership tecnologica e produttiva in molti settori, il che ha conseguenze reali: la Cina ha riempito il vuoto e ora è il punto di riferimento non solo per altre parti del mondo, ma anche per noi che ne dipendiamo in tanti campi. Le multinazionali e i mercati dei capitali hanno guadagnato in termini finanziari grazie alla delocalizzazione, ma pensare di mantenere una posizione di leadership in questo modo è un'illusione. Si è insistito sulle «regole» liberiste, di fatto utilizzando le istituzioni finanziarie internazionali per frenare lo sviluppo di potenziali rivali, ma questo non ha fermato lo svuotamento della classe media e il graduale aumento delle disuguaglianze, situazione tipica degli imperi. Le conseguenze si sentono sia internamente sia esternamente: dalle rivolte politiche, per esempio con la stagione «populista» recente contro le difficoltà provocate dalla speculazione finanziaria e dalla precarietà, alle pressioni esterne, tra cui le migrazioni e il rifiuto di altri Paesi a fare parte di un sistema di alleati subalterni. È in questo contesto che occorre considerare anche i numerosi interventi militari degli Stati Uniti dalla fine della Seconda guerra mondiale in poi, e capire il confine tra la «difesa del mondo libero», e le accuse di imperialismo sotto altre forme.

L'obiettivo originario degli USA non era di mantenere le truppe in giro per il mondo. Infatti nel 1951 il presidente Eisenhower scrisse: «Se tra dieci anni tutte le truppe americane stanziate in Europa per scopi di difesa nazionale non saranno state rimpatriate negli Stati Uniti, allora tutto questo progetto sarà fallito». Ci volle poco, però, per capire che le cose sarebbero andate diversamente. L'Unione Sovietica prese il controllo di buona parte dell'Europa orientale, e nessuno voleva vedere la ricostruzione della forza militare tedesca a seguito delle guerre mondiali. Non era realistico pensare a una soluzione puramente europea alla sicurezza data la disparità delle forze e anche le differenze politiche interne al Vecchio continente. La risposta degli Stati Uniti fu di promuovere la Comunità europea, condizionando gli aiuti del Piano Marshall alla collaborazione tra i vari Paesi. La crescita dell'Europa unita fu quindi vista da Washington come un elemento positivo e necessario, seppur all'interno della struttura di sicurezza dell'Alleanza Atlantica. L'obiettivo principale per l'America è sempre stato di natura politica: garantire la forza dell'ordine liberale internazionale, cioè le relazioni politiche ed economiche basate sul liberalismo, in opposizione al comunismo e altri sistemi più chiusi. Sarebbe ingenuo, e anche inutile, pensare che questa ampia alleanza non abbia portato dei benefici, agli Stati Uniti come pure agli altri Paesi coinvolti. Ma questi benefici ci sono stati soprattutto quando la politica economica era sana, basata sull'investimento produttivo e il tentativo di migliorare il tenore di vita effettivo dei relativi cittadini; quando invece è cominciata la trasformazione post-industriale, in cui la ricerca del profitto a breve termine ha preso il sopravvento, è iniziata la deriva del sistema verso la crisi.

Rimane il fatto che in nome della lotta contro il comunismo il governo statunitense ha sostenuto colpi di Stato militari in numerosi Paesi, come l'Iran, il Brasile, il Congo e altri. È stata ingaggiata una guerra in Indocina, quella del Vietnam poi estesa anche alla Cambogia, portando infine a una ritirata imbarazzante e a una crisi d'identità dell'America stessa. Quest'ultimo conflitto è un buon esempio non solo degli errori commessi, ma anche del contrasto tra diverse fazioni all'interno degli Stati Uniti. Il leader vietnamita Ho Chi Minh fu infatti un grande ammiratore dell'America. Visse a Boston e a New York da giovane, e quando lanciò la rivoluzione contro l'occupazione francese cercò contatti e aiuto a Washington. Ci fu un momento di collaborazione con i servizi d'intelligence americani durante la Seconda guerra mondiale, e nel 1945 Ho Chi Minh aveva incluso nella sua dichiarazione d'indipendenza una citazione diretta da quella americana: «Tutti gli uomini sono stati creati uguali, sono dotati dal loro Creatore di certi diritti inalienabili, tra questi ci sono la Vita, la Libertà e la ricerca della Felicità».

Ho Chi Minh, però, non ha ricevuto il sostegno sperato dagli USA, e nella sua battaglia per l'indipendenza dalla Francia cercò aiuto dall'Unione Sovietica e dalla Cina. In più, era un comunista, e per gli Stati Uniti negli anni Cinquanta fermare l'avanzata delle potenze rivali, anche con le armi, era la priorità numero uno. Spesso si tralasciavano le iniziative diplomatiche che avrebbero potuto fare leva su fattori di potenziale collaborazione, e invece di proseguire con pragmatismo, si divideva il mondo in buoni e cattivi. La tensione tra questi due approcci fu evidente durante l'amministrazione di John F. Kennedy, che dopo l'elezione nel 1960 si trovò presto in contrasto con un establishment di sicurezza nazionale che aveva adottato pienamente l'obiettivo ideologico della Guerra fredda, anche a costo di rischiare un conflitto nucleare.

Dopo che la CIA convinse il presidente ad andare avanti con un tentativo di invadere Cuba e rovesciare Fidel Castro – il fallimento disastroso dell'operazione «Baia dei Porci» – JFK decise di impostare una nuova rotta. Una delle conseguenze fu la decisione di ritirare il personale americano dal Vietnam (a quel punto c'erano solo «consiglieri», gestiti dalla CIA, non truppe regolari dell'esercito), valutando che la guerra non potesse essere vinta date le condizioni in quel momento, e che serviva andare via piuttosto che intraprendere una pericolosa escalation. La storia di questa operazione viene raccontata nel libro di L. Fletcher Prouty,[23] colonnello dell'aviazione che successivamente sarebbe diventato il personaggio rappresentato come «Mr. X» nel film *JFK* di Oliver Stone. Prouty, che nella vita reale era il «capo delle operazioni speciali» nell'amministrazione Kennedy, racconta la sua visione da insider su chi ha ucciso il presidente, con il coinvolgimento di numerose agenzie dello Stato e con l'obiettivo principale di fermare la decisione presa di ritirare gli USA dal Vietnam.

[23] L. Fletcher Prouty, *JFK. The CIA, Vietnam and the Plot to Assassinate John F. Kennedy*, Birch Lane Press, New York 1992.

L'assassinio di Kennedy può essere visto come un momento di svolta (negativa) nella storia americana. JFK è stato in un certo senso l'ultimo rappresentante a pieno titolo della fazione del «Sistema americano», un presidente che in termini sia economici sia di politica estera ha cercato, pur con alcuni limiti, di fare rivivere la tradizione anti-coloniale degli Stati Uniti. È dalla metà degli anni Sessanta che inizia la svolta verso la società post-industriale, la finanziarizzazione, e poi una serie di ulteriori guerre difficilmente giustificabili con l'idea di difendere la propria indipendenza e anche la libertà di altri. Dall'invasione di Paesi latinoamericani come Grenada e Panama, alle due guerre contro l'Iraq e poi ai numerosi interventi militari nel nome della Guerra al terrorismo, l'America si è di fatto avocata il ruolo di «poliziotto del mondo» per molti anni. Ancora oggi fa fatica ad abbandonarlo, nonostante i tentativi messi in atto dagli ultimi tre presidenti, come raccontato nella prima parte di questo libro in merito alla Russia e al Medio Oriente. Gli Stati Uniti hanno circa settecentocinquanta basi militari in giro per il mondo; variano in termini di grandezza e rilevanza, da basi vere e proprie con un largo spettro di operazioni ai siti d'appoggio per un numero limitato di truppe, senza neanche l'autorizzazione formale a essere presenti in un dato territorio.

Il nipote di JFK, Robert F. Kennedy Jr., ha deciso di utilizzare la sua piattaforma come candidato indipendente alla Casa Bianca – fino al ritiro nel mese di agosto – per criticare questa impostazione della politica estera di Washington. Per buona parte dei media è stato più comodo concentrarsi sulle dichiarazioni stravaganti e le teorie complottistiche di RFK Jr. in merito ai vaccini e al potere delle grandi corporation. C'è un'altra parte del suo messaggio, però, che ha fatto breccia in un settore dell'opinione pubblica, l'appello a «porre fine alle guerre infinite». Nei suoi discorsi Kennedy riferiva che da presidente suo zio aveva deciso di spezzare il potere del complesso militare-industriale e «frantumare in mille pezzi» la CIA, dopo essersi convinto che l'intelligence aveva soprattutto la funzione di perseguire «un costante flusso di guerra». Proponeva di tagliare a metà il bilancio per la Difesa, e affermava che l'America si comporta come una potenza imperiale piuttosto che come un leader morale per il mondo. Non si possono considerare queste parole semplicemente come quelle di un candidato minore, anti-sistema, che ha adottato una visione estremista o complottista. Mettono in luce un problema reale del ruolo americano nel mondo di oggi, che si è allontanato troppo da quello originario e avrebbe bisogno di ritrovare i principi incarnati da grandi figure del passato come Abraham Lincoln, Franklin D. Roosevelt e John F. Kennedy.

Nel giudicare gli Stati Uniti bisogna comunque evitare l'errore di attribuire alla sua classe dirigente una volontà di comportarsi come altri imperi del passato, oppure di perseguire lo stretto interesse economico. Abbiamo visto che il tema dei «vantaggi» di un sistema coloniale è complesso, e che l'obiettivo di seguire invece un approccio di armonia degli interessi è ben presente nella storia americana. È chiaro anche che lo strapotere militare degli USA nel mondo odierno proviene principalmente dalla spinta a contrastare il comunismo nel secondo dopoguerra, per poi adottare gradualmente il più ampio obiettivo di difendere l'ordine liberale internazionale. In tutto questo c'è una forte componente ideologica: garantire un mondo in cui il sistema occidentale, che dovrebbe rappresentare i nostri valori, possa continuare come punto di riferimento e speranza per l'umanità. Così pensano i leader americani, convinti di questa ambizione nonostante i difetti e gli errori commessi.

A volte questi valori vengono travisati, per esempio con «l'esportazione della democrazia» oppure quando si stringono alleanze con regimi poco democratici o addirittura gruppi terroristici allo scopo di colpire i nemici. Gli esempi di questa Realpolitik, in alcuni casi cinici e anche controproducenti, sono tanti. Per capirli, però, occorre sempre tenere presente la visione che hanno gli americani della propria nazione, e ricordare che poggia sull'impianto ideale che ho descritto. I riferimenti sono concreti e lodevoli. L'obiettivo di chi propone questi ideali deve essere di riportare il Paese su una traiettoria degna della propria tradizione migliore. Un processo che è iniziato in questi anni con i tentativi di creare un'economia più solida e di rimodulare la politica estera e militare.

La strada è ancora lunga, e le resistenze sono significative. Inoltre, i molti fattori culturali descritti in precedenza contribuiscono a una polarizzazione politica che a sua volta rende più difficile generare il consenso necessario per perseguire la nuova direzione a livello istituzionale. Alcuni di questi elementi fanno intravedere il rischio di una spaccatura profonda. Nella sfida per la continuazione della trasformazione post-globale, la rivincita dei principi anti-oligarchici del progresso umano, la posta in gioco è alta, per l'America, e anche per il resto del mondo.

Conclusione

Tra divisioni e speranze

La Repubblica nel mirino

13 luglio 2024. Mentre Donald Trump inizia un comizio nella cittadina di Butler, Pennsylvania, il ventenne Thomas Matthew Crooks si arrampica su una palazzina e si posiziona a 135 metri dal palco dove parla l'ex presidente. Nonostante sia stato notato dalla polizia locale, riesce a sparare otto colpi, uno dei quali colpisce all'orecchio Trump, che miracolosamente gira la testa proprio al momento giusto, evitando il peggio. Pochi secondi dopo Crooks viene ucciso dagli agenti della guardia presidenziale, mentre Trump viene portato via, ma non prima di alzare il pugno e urlare tre volte «fight», creando un'immagine che diventa subito iconica.

C'è una lunga storia di assassini politici negli Stati Uniti: quattro sono i presidenti morti – Abraham Lincoln, James Garfield, William McKinley e John F. Kennedy. Robert F. Kennedy è stato ucciso quando era ancora candidato per la Casa Bianca, mentre la lista dei presidenti sopravvissuti agli attentati è lunga, da Andrew Jackson nel 1835 fino a Ronald Reagan nel 1981, e ora a Donald Trump. Quest'ultimo attentato tocca diversi aspetti della politica americana che vanno affrontati per capire il momento che stanno vivendo gli Stati Uniti: ci sono il tema delle armi, la polarizzazione politica e culturale, e poi questioni strategiche più generali, che non ci permettono di pensare all'episodio di Butler senza considerare lo scontro più ampio sulla direzione complessiva del Paese.

Le armi

Visto dall'Europa, il primo punto da affrontare è quello della facile reperibilità delle armi. Crooks ha utilizzato un AR-15, fucile semiautomatico di derivazione militare prediletto da chi commette sparatorie di massa negli Stati Uniti. L'arma era una di tante acquistate legalmente dal padre del giovane, che tra l'altro aveva chiamato la polizia preoccupato per suo figlio. Il fatto è che negli USA, soprattutto nelle zone rurali, la presenza delle armi è normale. Io stesso per il mio sedicesimo compleanno ho ricevuto in regalo un fucile, che ho utilizzato (poche volte in realtà) per il tiro a segno. Nella nostra casa c'erano altri due fucili, una situazione comune nelle abitazioni di Loudoun County, in Virginia, come in tanti altri posti. Era una zona dove molti andavano a caccia, con tante case isolate in mezzo ai campi e alle colline, cosicché i cittadini sono convinti della necessità di poter difendere la propria famiglia se si avvicinassero dei malintenzionati.

Ci sono zone del Paese dove le scuole chiudono per il primo giorno di caccia al cervo o al tacchino, perché mancano così tanti studenti che non avrebbe senso tenere le lezioni. Fa parte della vita in America: abbiamo visto nel tempo una riduzione della cultura rurale – la mia parte della Virginia è più sobborgo che rurale ormai – ma è impossibile pensare che questa cultura sparirà del tutto. Altra cosa, invece, è il fanatismo riguardante le armi d'assalto, la volontà di possedere gli strumenti più potenti possibili, e l'ideologia da vigilantes o anche da ribelli contro le istituzioni pubbliche. Questo fenomeno esiste, eccome. Ci sono persone convinte che il degrado della società porterà a una situazione di caos in cui ognuno deve fare per sé, e c'è anche chi crede di doversi difendere dallo Stato oppressore. Insieme alla cultura dei videogiochi che insegnano ai giovani a sparare fin troppo bene, si crea un mix altamente esplosivo che ha portato a un elenco sterminato di stragi negli ultimi decenni.

La storia del secondo emendamento alla Costituzione, che garantirebbe a tutti i cittadini il diritto di detenere le armi, è in realtà fuorviante. Nella storia americana quell'emendamento nacque non per permettere alla gente di difendersi contro le istituzioni di governo, ma proprio il contrario: mancando un esercito fisso, era fondamentale mantenere l'organizzazione delle milizie, gruppi di cittadini pronti a mobilitarsi in poco tempo per difendere lo Stato. Successe per esempio nei primissimi anni della Repubblica, quando nel 1791 emerse la resistenza armata contro l'accisa sul whiskey. A quel punto il presidente Washington stesso guidò una forza di tredicimila *miliziani* organizzati dai governatori degli Stati limitrofi per affrontare la rivolta nella Pennsylvania occidentale. Il confronto non ebbe mai luogo, in quanto la dimostrazione di forza da parte del governo centrale convinse i ribelli a tornarsene a casa.

Negli anni ha preso piede comunque l'idea del diritto di detenere le armi per l'autodifesa, e non pochi l'hanno interpretato come una garanzia di libertà contro lo Stato. A parte la velleità di pensare di poter battere le forze di un esercito nazionale, questa mentalità contribuisce a un clima di contrapposizione che troppo spesso crea momenti di confronto violento. Quello più recente, che per fortuna è rimasto solo potenziale, è avvenuto il 6 gennaio 2021: un piccolo gruppo noto come gli «Oath Keepers» (i custodi del giuramento) aveva portato numerose armi in un hotel in Virginia, poco fuori Washington D.C., in preparazione per l'assalto al Congresso nel tentativo di ribaltare l'esito delle elezioni presidenziali del 2020.

È chiaro che la facilità di trovare un'arma potente, come anche l'ideologia della resistenza armata contro le istituzioni pubbliche, contribuisce agli episodi di violenza. In questa situazione, a un personaggio psicolabile come era evidentemente Thomas Crooks diventa possibile seguire le proprie idee distorte fino alle estreme conclusioni. C'è da considerare, però, anche la fonte di queste idee, cioè l'esasperazione della polemica politica che può sfociare anche in violenza.

Non si tratta di una situazione esclusiva degli

Stati Uniti d'America. In Europa, nel 2024 ci sono stati un attentato al primo ministro slovacco Robert Fico e un'aggressione al primo ministro danese Mette Frederiksen; e nel luglio 2022 l'ex primo ministro giapponese Shinzo Abe è stato assassinato mentre parlava a un evento politico. Ma l'accesso alle armi aumenta il pericolo negli Stati Uniti, dove qualcuno pensa di passare dalle parole alle azioni, in una situazione di forte divisione politica.

La polarizzazione profonda

Dopo l'attentato a Trump, la conversazione negli USA si è concentrata sul tono del discorso politico, sottolineando le parole aggressive usate da entrambe le parti. Il primo responsabile è lo stesso Trump, che negli ultimi anni ha alzato il livello dello scontro retorico con insulti e minacce nemmeno troppo velate. Crede che chiunque lo critichi o lo ostacoli sia un nemico del Paese, e lo dice apertamente. Però, è vero anche che il fenomeno Trump ha provocato una reazione forte dall'altra parte, dai democratici ma anche più in generale dall'establishment. Con gli scandali del Russiagate, è stato bollato come un traditore, e dopo le elezioni del 2020 come una minaccia per la sopravvivenza stessa della democrazia. C'è del vero, in quanto ha mostrato la tendenza a ignorare le regole costituzionali per perseguire le proprie ambizioni; dall'altra parte, sarebbe stato utile riconoscere che qualcosa di positivo ha fatto per il Paese, pur reagendo in modo fermo a ogni azione illegale.

È qui che arriviamo alle conseguenze delle divisioni culturali discusse nella parte precedente di questo libro. Quando tra le diverse fazioni politiche non c'è più una base di rispetto, il riconoscimento di una serie di valori comuni, allora la polarizzazione politica rischia di sfociare in uno scontro più diretto. I politici hanno tanta responsabilità per questa situazione, proprio perché sfruttano le differenze per dipingere l'avversario come una minaccia da fermare a ogni costo.

In un certo senso mi ricorda la dinamica politica in Paesi che hanno vissuto periodi di conflitto interno drammatici non tanto tempo fa, per esempio durante la prima metà del Novecento. L'Italia è tra questi: se una bella fetta della popolazione vede il governo come «fascista», allora questo richiama una resistenza armata ancora ben presente nella memoria storica della nazione. È giusto e anche doveroso denunciare le minacce vere, in Italia come in America. È superficiale e potenzialmente pericoloso, invece, dipingere gli avversari come dei dittatori solo per contrastare le normali dinamiche di alternanza politica, che giocoforza comportano cambiamenti nelle priorità di governo.

Succede anche negli Stati Uniti: ci sono gruppi di attivisti che hanno accusato Barack Obama di essere un nuovo Hitler, tra l'altro pochi anni dopo aver attaccato George W. Bush e Dick Cheney allo stesso modo. Dietro a queste parole c'è spesso della sostanza politica, per esempio la critica per le decine di migliaia di morti causate dalle guerre all'estero, oppure le conseguenze drammatiche di un sistema sanitario che non garantisce la copertura a tutti. Il problema nasce quando non si riesce più a distinguere tra la verità e la retorica: che Barack Obama abbia delle responsabilità per la guerra in Libia, oppure per l'uccisione di numerosi civili nel nome della lotta al terrorismo, è fuori di dubbio. Non significa, però, che qualsiasi sua politica fosse malvagia, per esempio che la sua riforma sanitaria fosse in realtà un piano per uccidere gli anziani, come alcuni hanno sostenuto. Tutti i politici fanno dei compromessi, e meritano di essere valutati per le conseguenze delle loro azioni, anche sul piano morale. Tuttavia, è importante capire le motivazioni dietro le politiche, riconoscere che le persone, e le situazioni, sono complesse. Non sforzarsi di capire perché un presidente agisca in un certo modo, e non riconoscere alcuni valori e obiettivi comuni, rischia di produrre un atteggiamento ideologico di conflitto, con effetti potenzialmente tragici.

In questo contesto ci sono alcuni elementi particolari dello scontro politico negli Stati Uniti che vanno considerati, per capire come siamo arrivati alla situazione di oggi, e quali aspetti rappresentano rischi effettivi per la coesione del Paese. Uno di essi è il ruolo della religione.

La trasformazione degli evangelici

Ho scritto prima di come esista una profonda differenza di visione culturale tra gli abitanti delle zone rurali e quelli delle grandi città, che spesso si riflette nel modo di praticare ed esprimere la religione. A livello complessivo l'identificazione religiosa è diminuita nel corso dei decenni, creando una società più laica. E comunque le chiese si trovano anche nelle zone urbane, ovviamente. La novità è il modo in cui la religione si è fusa con la politica nell'era di Trump. Nei tempi recenti, i cristiani più conservatori sono stati vicini al Partito repubblicano, approvando una visione della società basata sui loro principi morali e sulla struttura della famiglia tradizionale. I temi su cui questi gruppi più si sono mobilitati negli anni erano quelli dell'aborto, della pornografia, del matrimonio gay. Questa visione promuove un certo modello di vita, spesso predicato attraverso le chiese, anche nella sfera pubblica.

Ci sono differenze tra le numerose denominazioni cristiane dentro gli USA: molti cattolici sono rigidi sulla questione dell'aborto, ma anche attenti alla giustizia sociale; le chiese nere sono conservatrici sui temi morali, ma tendono ad appoggiare i candidati democratici per via della storica vicinanza in merito ai diritti civili. Mentre le chiese bianche evangeliche, come i battisti e i pentecostali, adottano un cristianesimo militante su temi culturali, il che da molti anni li avvicina ai repubblicani.

È tra queste denominazioni che si è visto un cambiamento importante negli ultimi anni. Il loro eroe è diventato Donald Trump, personaggio che risponde davvero poco ai canoni morali che questi gruppi avevano sempre sostenuto negli anni passati. Nel 2016 la spiegazione è stata di natura pragmatica: Trump era sì un personaggio televisivo, newyorchese, volgare nei modi; ma aveva promesso di nominare giudici conservatori e così portare avanti la battaglia contro l'aborto. La strategia ha funzionato, visto che la composizione della Corte Suprema è stata effettivamente modificata e ciò ha portato alla sentenza Dobbs, aprendo le porte a forti restrizioni del diritto all'interruzione di gravidanza.

Ora, però, la situazione è cambiata. Trump è sempre lo stesso, a livello personale: anzi, nel maggio 2023 è stato dichiarato responsabile di «abusi sessuali», un giudizio civile poco lontano da una condanna per stupro. Di conseguenza deve pagare oltre ottantatré milioni di dollari alla vittima, la giornalista E. Jean Carroll. Perfino tra i suoi sostenitori, praticamente nessuno ha contestato i fatti; piuttosto si sono convinti che il sistema vuole fare fuori Trump, quindi i dettagli contano poco. In sintesi, Trump è riuscito a separare la questione privata da quella politica: dando voce ai loro motivi di risentimento, è diventato immune alle altre critiche.

Questa strategia ha contribuito a un cambiamento più generale. In passato, per gli evangelici era essenziale nella propria vita quotidiana andare regolarmente in chiesa e dedicarsi alla salvezza della propria anima, e in ambito politico sposare battaglie considerate essenziali, come il contrasto all'aborto. Adesso, invece, l'identità evangelica è più politica, legata all'idea di essere una minoranza perseguitata dall'élite globalizzata: una percezione che Trump sfrutta sostenendo che comunisti, marxisti e fascisti prenderebbero a bersaglio i cristiani. Utilizza questo miscuglio di religione e politica per fare appello non solo agli evangelici, ma anche ai cattolici e agli ebrei.

Cresce così il numero di evangelici che vanno raramente in chiesa, e che si concentrano meno su temi come la pornografia e l'aborto. Tra questi, dove c'è un forte sostegno per Trump, si citano come questioni più importanti l'immigrazione e l'economia. Non sono gruppi poco presenti sulla scena pubblica: come dice la parola stessa, gli evangelici lavorano per attrarre proseliti, soprattutto in alcune zone del Paese.

Non si tratta di stigmatizzare i gruppi religiosi perché fanno politica per portare avanti i loro principi. Ne hanno diritto, e le loro argomentazioni meritano considerazione, in particolare riguardo all'importanza della struttura famigliare e della responsabilità personale, come al pericolo di una società globalizzata che viene svuotata dei suoi valori. Anche qui, per evitare di approfondire le divisioni, occorre prendere sul serio le loro istanze. Tuttavia, come abbiamo appena visto, gli evangelici stanno cambiando, ora sostengono una certa visione «patriottica» della nazione. Una visione che mette la religione al servizio di una nuova identità politica antagonista, e che comincia a essere basata anche sull'etnia.

Lo abbiamo sentito nelle parole di JD Vance alla convention repubblicana di luglio: «L'America non è solo un'idea. È un gruppo di persone...». Parla di patria e di combattere per la propria casa. Insieme alla forte campagna contro l'immigrazione, emerge una visione etnoreligiosa della società americana che è in contrasto con quella proposta dai fondatori della nazione. La libertà di espressione, e di religione, è quasi assoluta in America; imporre la propria visione nella sfera pubblica è espressamente vietato.

Texas contro Washington

La convinzione che il governo federale non abbia a cuore gli interessi della gente a livello locale sta portando a situazioni pericolose. E l'immigrazione rappresenta il punto di rottura. Nel gennaio del 2024 il governatore del Texas, Greg Abbott, ha mandato la Guardia nazionale – corpo militare gestito dai singoli Stati, con compiti principalmente interni come i disastri naturali e l'ordine pubblico – a contrastare gli agenti dell'agenzia federale incaricati di sorvegliare il confine (United States Border Patrol). Il governatore ha affermato che il governo centrale, lasciando che numerosi migranti attraversassero il confine, non abbia adempiuto ai propri obblighi; a quel punto ha deciso di fare da sé.

Non è il primo caso di contrasto tra agenzie di ordine pubblico: abbiamo già visto quello delle «sanctuary cities», cioè i comuni che si rifiutano di collaborare con le autorità federali per scoprire gli immigrati illegali. In questo caso, però, c'è qualcosa di più preoccupante: una sfida esplicita alle prerogative di Washington attuata attraverso un corpo militare. È la prima volta che si intravede il rischio di uno scontro armato tra centro e periferia. E ricorda una storia dolorosa del Paese, quella della Guerra civile.

Uno degli argomenti principali degli Stati secessionisti, nell'Ottocento, era quello dei «diritti degli Stati». Si contestava la competenza del governo centrale, affermando un modello di federalismo in cui i singoli Stati avevano il diritto di stabilire le proprie leggi senza interferenze. Con la «clausola di supremazia» la Costituzione USA ha stabilito in modo chiaro il predominio delle decisioni federali, ma il conflitto in merito è continuato per decenni, fino al momento in cui la dottrina degli «states' rights» è stata invocata per difendere il sistema della schiavitù, portando al tentativo di secessione degli Stati del Sud nel 1861.

Non è solo storia antica. Nel moderno Partito repubblicano si parla ancora dei diritti degli Stati; lo ha fatto Nikki Haley durante le primarie del 2024. La chiave di lettura è quella di una sorta di sussidiarietà, di lasciare per quanto possibile le decisioni a livello locale. Riguarda la questione dell'immigrazione, come abbiamo visto con il Texas, e anche i temi culturali, a partire dall'aborto. Qui entra in gioco la Corte Suprema, che fornisce alla dottrina un appoggio di fatto in alcuni campi.

Sullo scontro in merito all'immigrazione, la Corte ha negato al Texas e alla Louisiana il diritto di sfidare il governo federale sull'adempimento dei propri obblighi. Sull'aborto, invece, ha scelto proprio la strada del decentramento. La sentenza Dobbs che ha rimosso la protezione federale per il diritto all'aborto si basa su questo impianto: segue l'idea che il governo federale non debba stabilire i principi morali per tutto il Paese. La moralità viene decisa dal popolo, o almeno dagli organi più vicini al popolo, quelli dei singoli Stati. È un'argomentazione un po' strana, in quanto i cittadini votano per i rappresentanti al Congresso, come anche per il presidente. Non manca di certo il dibattito su questioni calde – anzi, è diventato fin troppo acceso. Affermare il diritto degli Stati di seguire la propria strada è rischioso: il federalismo americano riserva molte competenze ai singoli Stati, ma la dottrina degli «states' rights» apre alla possibilità di nuovi conflitti pericolosi. Proprio nel momento in cui un numero crescente di americani crede che potrebbe essere necessaria la violenza per riportare il Paese sulla retta via.[24]

Il ruolo della Corte Suprema è al centro dell'attenzione in questi anni, a causa dello spostamento a destra della sua composizione grazie ai giudici nominati da Donald Trump. Il cambiamento mette in luce aspetti di giurisprudenza e anche politici. L'«originalismo» è la dottrina seguita da molti giudici conservatori: afferma che la Costituzione vada

[24] PBS, *1 in 5 Americans think violence may solve U.S. divisions, poll finds*, 3 aprile 2024.

letta nel contesto storico in cui fu scritta. Quindi i giudici devono seguire il testo della legge letteralmente, evitando di cambiare la sua interpretazione in base alle loro preferenze odierne.

I problemi sono molteplici. Se c'è una costituzione che dimostra la forza della flessibilità, è proprio quella statunitense. È in vigore da 235 anni, proprio perché ha stabilito dei principi che le istituzioni devono attuare nel tempo. Nessuno contesta, per esempio, che il termine «uomini» della Carta originale debba essere applicato anche alle donne e agli uomini afroamericani, seppur non avessero gli stessi diritti nel Settecento. L'intenzione dei conservatori, però, è di evitare che i progressisti possano imporre, grazie all'applicazione delle leggi, valori che evolvono nel tempo. Questa impostazione porta a volte al trasferimento delle competenze ai singoli Stati, e a volte a decisioni che alterano gli equilibri di forza tra i poteri pubblici.

In termini storici c'è ampia evidenza che i fondatori intendessero la Costituzione come un documento «vivente», cioè da interpretare con l'esperienza e non da leggere come prodotto delle loro preferenze personali. Tuttavia oggi la maggioranza conservatrice della Corte Suprema invoca l'originalismo per compiere alcune scelte in grado di modificare in modo significativo gli equilibri politici della nazione.

Le decisioni più discusse riguardano le elezioni presidenziali. Nel 2000, quando poche centinaia di voti separavano Al Gore e George W. Bush in Florida, la Corte ordinò la fine del conteggio regalando la vittoria al secondo. Nel 2024, l'intervento dei giudici ha salvato Donald Trump da un processo per aver cercato di ribaltare le elezioni presidenziali precedenti, non solo allungando i termini di mesi, ma poi affermando per il presidente un livello di immunità dalle accuse penali che va ben oltre quello che gli esperti legali si aspettavano. Nessuno ci ha creduto quando l'avvocato di Trump ha asserito in aula che il presidente potrebbe anche fare uccidere un suo avversario ed evitare il processo penale se il Congresso non decidesse di rimuoverlo dalla carica con l'impeachment. Ma la decisione della Corte Suprema apre alla possibilità di un'interpretazione estensiva, stabilendo l'immunità per qualsiasi atto ufficiale: una conversazione con i funzionari del proprio Dipartimento di Giustizia, per esempio, sarebbe coperta in modo assoluto da questo scudo, a prescindere da quello che si discute. Lo stato di diritto scricchiola, e diventa difficile pensare che le considerazioni politiche non entrino nelle scelte dei giudici in casi di questo tipo.

La strategia delle istituzioni

Di fronte a tutti questi rischi, le istituzioni permanenti dello Stato, quelle che Trump e i suoi sostenitori definiscono il *Deep State*, sentono la necessità di tenere la barra dritta per il bene del Paese, perlomeno a loro modo di pensare. Si tratta di funzionari nel Dipartimento di Stato, al Pentagono, nell'intelligence e in tante altre agenzie governative che formano quanto viene definito *Interagency Consensus*, una visione condivisa tra i più potenti organi dello Stato. È importante avere una continuità delle politiche pubbliche, e quindi evitare cambiamenti repentini ogni quattro anni; dall'altra parte, c'è il rischio che l'establishment dietro le quinte possa ostacolare la democrazia, per esempio remando contro il presidente, o anche peggio.

Questo *consensus* evolve nel tempo e viene influenzato dai politici eletti. Oggi l'impostazione generale delle istituzioni americane rispetto ai rapporti con la Cina e alle politiche commerciali della globalizzazione è molto diversa rispetto a dieci anni fa. Su altri temi, il cambiamento non c'è stato: come abbiamo visto, nonostante i tentativi di tre presidenti di fila, l'approccio alla Russia rimane quello di prima. La domanda è: come reagisce il *Deep State* alle minacce, vere o presunte, alla direzione del Paese?

Degli scandali del Russiagate e dei tentativi di impeachment di Trump ho già parlato, come anche del successo delle istituzioni nel contrastare l'obiettivo del disimpegno dal Medio Oriente. Ma ora la questione si è approfondita, dopo gli eventi seguiti alle elezioni del 2020 e il tentativo di ostacolare il trasferimento regolare e pacifico del potere a Washington, e c'è in ballo il futuro della democrazia. Cosa pensano le istituzioni di sicurezza nazionale di un ritorno di Trump alla Casa Bianca? Cosa farebbero per evitarlo?

Dopo l'assassinio di Abraham Lincoln, otto persone furono processate per coinvolgimento nell'uccisione del presidente: una cospirazione con ramificazioni internazionali, tra l'altro non difficile da immaginare considerando che una spaccatura negli Stati Uniti serviva molti interessi esteri. James Garfield, assassinato nel 1881, era un nemico degli interessi finanziari di Wall Street e di Londra. Anche William McKinley, ucciso nel 1901, era un deciso sostenitore del Sistema americano contro quello imperiale. E non mancano evidenze di una ampia cospirazione per eliminare John F. Kennedy, come già citato.

Non è complottismo, ma la necessaria ricerca della verità su come interessi influenti si muovono per evitare minacce al loro potere. D'altro canto, ci sono stati numerosi attentati per cui non ci sono prove di complotti, ma solo indicazioni di individui squilibrati influenzati da problemi personali o dal contesto politico e sociale.

Dove collocare l'episodio di Butler del 13 luglio 2024? Va detto subito che non ci sono prove di un complotto; le numerose falle nella sicurezza possono sollevare dubbi, ma per andare oltre serve identificare fatti concreti e intenzioni. È il contesto politico e strategico, però, che costringe ad allargare la visuale. È fuori questione che le istituzioni permanenti dello Stato americano vedano Donald Trump come una minaccia per la democrazia, e per loro stesse. È anche difficile dargli torto, considerando quanto ha combinato Trump nel 2020-21, mettendo sé stesso al di sopra della Costituzione. A livello secondario, c'è l'intenzione espressa di raggiungere rapidamente un accordo con Putin e di ridurre l'impegno americano nel contesto della

Nato. Data la temperatura dello scontro intorno alla figura di Trump, queste considerazioni faranno sì che si discuterà a lungo su chi stava dietro all'attentato di Butler, anche in assenza di prove concrete.

Vincere il futuro

Gli Stati Uniti hanno imboccato una nuova direzione negli ultimi anni. L'America è riuscita a fare una sintesi delle istanze populiste e degli obiettivi delle istituzioni di Washington: rigetto degli eccessi della globalizzazione liberista e impostazione di una nuova politica industriale, che mira a rafforzare la classe media attraverso la ricostruzione della base produttiva dell'economia, soprattutto nei settori che servono per affrontare la competizione internazionale.

Nonostante la polarizzazione politica, l'amministrazione Biden ha fatto progressi importanti a livello legislativo, a volte anche con l'appoggio dei repubblicani. Sfruttando il momento di opportunità creato dalla pandemia, i democratici hanno ottenuto il voto di ben diciannove senatori repubblicani per la legge sulle infrastrutture. Anche

il CHIPS and Science Act ha avuto un sostegno bipartisan robusto, con diciassette senatori repubblicani, e ventiquattro deputati repubblicani alla Camera. Sul tema delle armi i partiti hanno lavorato insieme per varare nuove misure che potenziano le verifiche condotte sugli acquirenti, danno più strumenti alla polizia per intervenire in caso di rischi conosciuti, e forniscono più servizi di igiene mentale.

I pacchetti che hanno avuto più sostegno bipartisan sono quelli legati alla svolta post-globale: maggiore investimento pubblico per ricostruire l'economia a livello di infrastrutture e di manifattura avanzata. La cooperazione è diventata più difficile quando i repubblicani hanno conquistato il controllo della Camera nelle elezioni di medio termine del 2022, ma anche in questo contesto si sono visti momenti di maggiore ragionevolezza tra le parti: quando un gruppo di repubblicani iperconservatori ha minacciato di mettere in atto un «government shutdown», cioè il blocco delle attività amministrative, causa il rifiuto del Congresso di autorizzare l'emissione di nuovo debito pubblico, è successo qualcosa di inatteso. Il nuovo presidente della Camera, l'onorevole Mike Johnson, tra l'altro scelto proprio per la sua vicinanza ai conservatori, ha invece isolato il gruppo dei ribelli e proceduto a varare i pacchetti di spesa insieme ai democratici. E lo ha fatto pure per approvare gli aiuti militari all'Ucraina, Israele e Taiwan.

In verità quest'ultima scelta mette in evidenza qualche contraddizione, in quanto l'opinione pubblica è molto divisa in merito al finanziamento degli interventi militari all'estero, anche senza il coinvolgimento diretto delle truppe americane. Se non ci sono dubbi sul sostegno popolare per gli investimenti in strade e ponti, come anche sulla costruzione di nuove fabbriche, la situazione è diversa in politica estera: gli americani che approvano gli aiuti per l'Ucraina sono poco sopra il cinquanta per cento, e tra i repubblicani sono una minoranza. La politica di Israele verso Gaza, invece, viene difesa da meno della metà degli elettori. In questo caso al Congresso c'è ancora un orientamento che riflette poco l'opinione pubblica.

È chiaro che i politici sono chiamati a guidare, non semplicemente a seguire il popolo. Negli ultimi decenni, però, l'establishment si è allontanato molto dagli interessi effettivi dei cittadini, perseguendo quelli di una ristretta élite. È successo sia in economia sia in politica estera. Sul primo punto la correzione è in atto; sul secondo, i tentativi di imprimere una nuova direzione hanno avuto un successo limitato. Qualcosa si muove anche qui, però: ora i politici sono costretti a rispondere alle pressioni della base in merito a Israele, per esempio, mentre fino a pochi anni fa la principale preoccupazione delle istituzioni di Washington era di non entrare in conflitto con i gruppi di interesse che difendono i governi di destra a Tel Aviv. Nel caso di Israele l'opposizione viene più da sinistra, mentre sulla Russia più da destra. In ogni caso, i rischi di ignorare gli umori popolari sono diventati ben evidenti in questi anni. La necessità di un cambiamento è chiara anche su questo fronte.

Una svolta in politica estera, per accompagnare quella economica che rafforza il Paese all'interno e nella sua proiezione internazionale, dovrà affrontare anche la questione dei valori. Non solo come evitare le guerre che non sono veramente nell'interesse del Paese, ma come promuovere gli ideali americani, o occidentali più in generale, senza arrivare alla contrapposizione militare. In sintesi, occorre rispondere alla seguente domanda: come applicare la democrazia nelle relazioni verso Paesi con culture diverse? Da decenni la risposta è stata di natura ideologica: affermiamo la superiorità del nostro sistema, per quanto imperfetto, e poi cerchiamo le occasioni per allargare la democrazia, sia apertamente sia sottotraccia, oppure con operazioni militari.

Ora ci troviamo di fronte a un nuovo, grande avversario che ha una tradizione diversa. Il sistema cinese pone l'accento più sugli obiettivi collettivi che sulle regole e sui diritti dell'individuo. L'Occidente non deve avere paura di dichiarare e difendere i propri principi, ma questo non significa che li possiamo imporre agli altri. Il caso del vecchio e attuale rivale, la Russia, insegna: possiamo «avere ragione» nell'affermare il diritto dei Paesi dell'Europa orientale a scegliere di avvicinarsi all'Occidente. Ma se questo comporta stabilire basi militari occidentali vicine ai confini russi, provoca una reazione da parte di Mosca, che dispone di migliaia di testate nucleari. Può essere sbagliata e inaccettabile secondo i nostri canoni, ma ciò non toglie il rischio di una guerra catastrofica se non si tiene conto del punto di vista degli altri.

In Europa c'è una maggiore sensibilità a questo problema, ma spesso la discussione rimane sotto la superficie, per evitare dissidi aperti con l'alleato americano. La comunità di intenti è importante per il mondo occidentale, per difendere e promuovere un certo sistema di valori e interessi. È poco utile, però, presumere che il dissenso significhi per forza debolezza, che i Paesi europei non debbano identificare in modo chiaro i propri interessi, e poi discutere con Washington per trovare la giusta strada da perseguire insieme. Anche perché l'orientamento della politica americana, come abbiamo visto in vari casi, può cambiare rapidamente. Meglio mantenersi realistici e pronti a cambiare direzione, piuttosto che restare indietro, in una situazione di imbarazzante ritardo rispetto ai progressi in atto.

Un maggiore realismo in politica estera significa trovare il modo di collaborare con chi ha un approccio diverso da noi, come anche interessi legittimi di sicurezza nazionale. Il rispetto delle opinioni altrui è d'obbligo all'interno delle nostre società, e lo è anche a livello internazionale. Ci costringe in entrambi i campi ad abbandonare la prospettiva di un «noi» opposto a un «loro», e a trovare la sintesi degli interessi in gioco. Non vengono meno i principi, ma il realismo ci può insegnare come perseguirli in modo più efficace.

Ai nostri avversari geopolitici, o concorrenti sul piano pratico e ideale, piace sottolineare le divisioni nelle società occidentali. In America sono particolarmente visibili, ma bisogna evitare la tentazione di dare la colpa agli altri. Gli errori delle politiche post-industriali e globaliste sono evidenti, come anche i motivi dell'esacerbazione delle differenze culturali. Spetta a noi affrontarli, per rafforzarci al nostro interno, e così essere preparati per le sfide esterne, senza paura di lavorare insieme a chi è diverso. Il dibattito democratico, per alcuni aspetti portato all'estremo dentro gli Stati Uniti, ci rende più forti. Ci costringe a un ravvedimento necessario e salutare, una sintesi tra esigenze istituzionali e istanze di protesta, che ci rafforza per le sfide del futuro. La riuscita di questa trasformazione, però, è messa a rischio da chi non si ferma alla libertà di espressione, ma sconfina nella violenza e nella minaccia alle istituzioni.

In fondo, la domanda è se reggerà ancora questo grande esperimento di democrazia. L'America cammina su una linea sottile, con divisioni e rischi enormi, ma anche con una forte potenzialità: prendersi una rivincita su quel declino che sembrava inevitabile, ma che in realtà è già stato invertito dalla svolta post-globale degli ultimi anni.

Indice

Finito di stampare nel mese di agosto 2024
per conto di RCS MediaGroup S.p.A.,
da Rotolito S.p.A., Via Sondrio, 3, Pioltello (Milano)
Printed in Italy